1900

L'ENTRÉE

DE

LOUIS XII ET DE LA REINE ANNE

A ROUEN (1508)

PUBLIÉE AVEC UNE INTRODUCTION

Par P. LE VERDIER

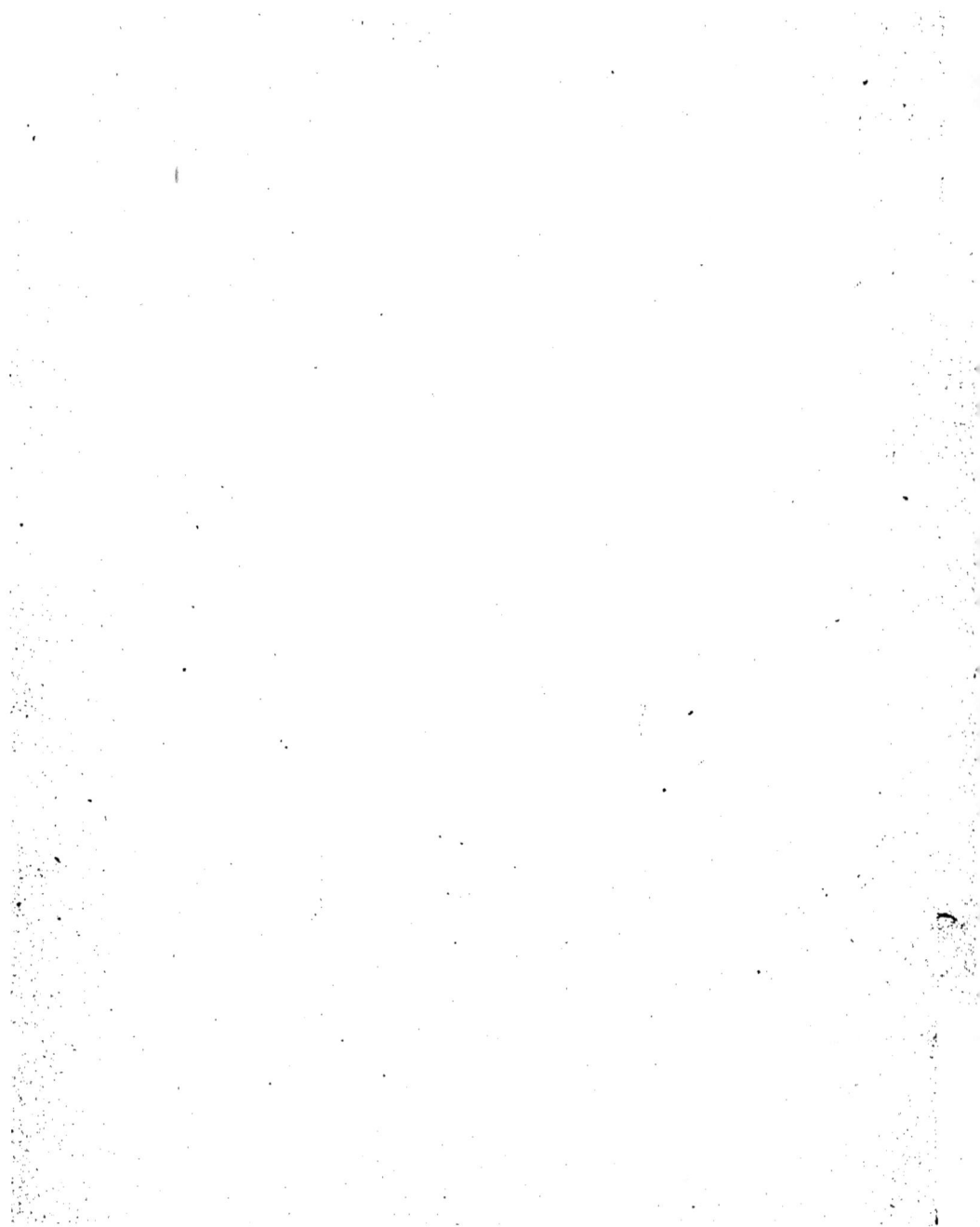

SOCIÉTÉ

DES

BIBLIOPHILES NORMANDS

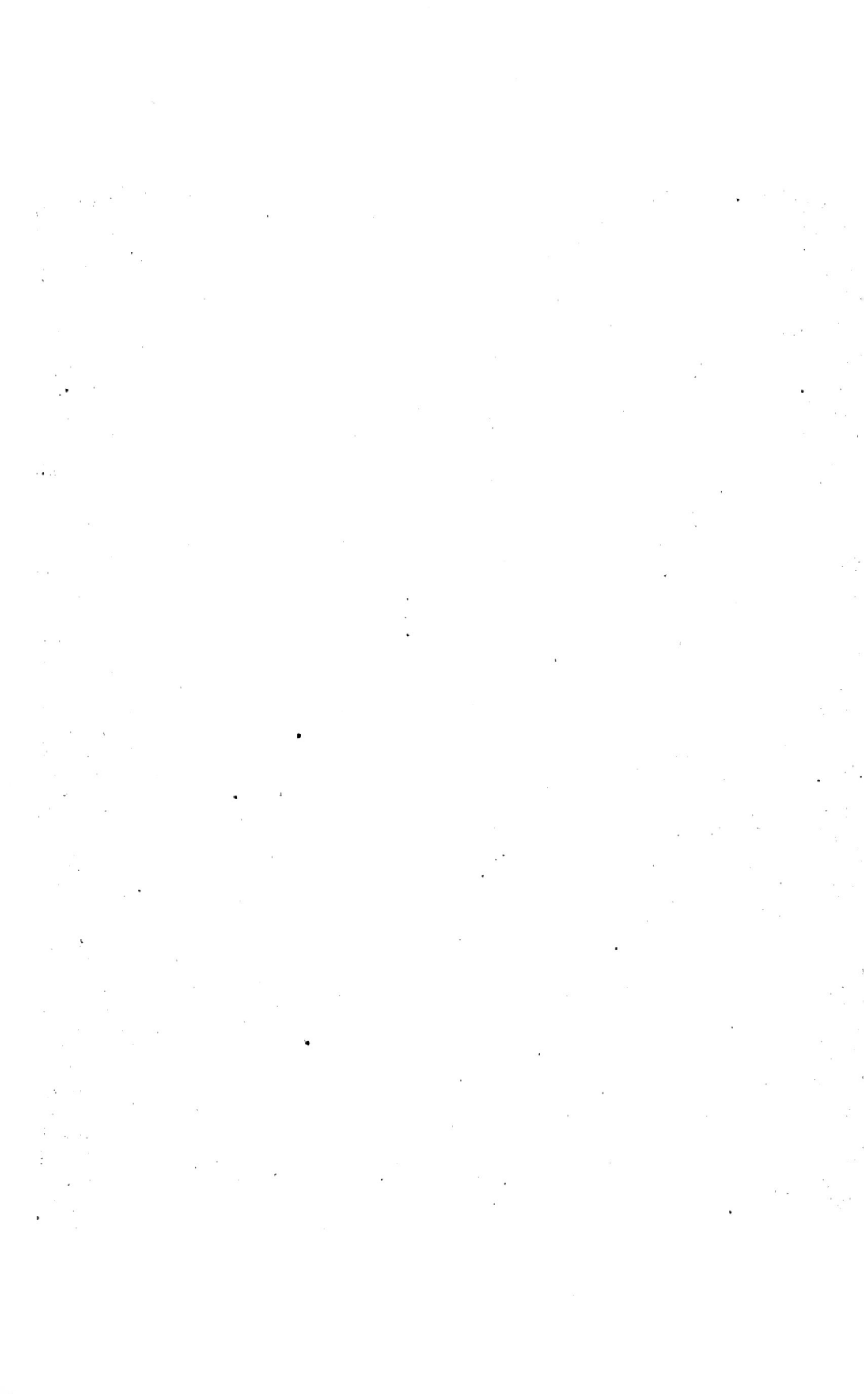

L'ENTRÉE

DU

ROI LOUIS XII

ET DE LA REINE

A ROUEN (1508)

PRÉCÉDÉE D'UNE INTRODUCTION

Par P. LE VERDIER

ROUEN

IMPRIMERIE LÉON GY

M DCCCC

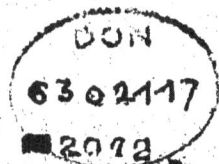

INTRODUCTION

LOUIS XII A ROUEN

Rouen doit sans doute à sa proximité de Paris autant qu'à son titre de seconde ville de France d'avoir été visitée par la plupart de nos rois. Depuis Charles VII, en effet, sans remonter plus haut, jusqu'à la Révolution, l'on ne voit que l'éphémère François II et Louis XV manquer à la tradition des entrées rouennaises.

Louis XII célébra deux fois son entrée à Rouen. La première fois ce fut lorsque, n'étant encore que le duc d'Orléans, il avait reçu de Charles VIII le gouvernement de la Normandie : il fut reçu solennellement le 6 mars 1491 (v. s.), au milieu de l'allégresse publique et d'un déploiement de fêtes presque égales à celles dont ce livre va donner le récit (1). La seconde entrée est celle du 28 septembre 1508 (2).

(1) Le récit de l'entrée du duc d'Orléans a été donné par Ch. Richard dans le volume intitulé : *Recherches historiques sur Rouen. Fortifications, Porte Martainville.* Rouen, 1844. — Cf. Farin, et *Archives communales,* Inventaire, p. 68-69. — Il paraît que le dialogue d'une pastorale, jouée sur l'une des établies élevées pour la fête, aurait été « mis en écrit dans un livre qui sur ce en ⟨...⟩ mais soit imprimé, soit manuscrit, le livre reste à découvrir.

(2) Louis XII avait failli venir à Rouen trois ans auparavant. Voici quelques extraits des délibérations municipales prises à cette occasion :

Les relations des entrées royales ou princières ont été con-
signées dans les registres publics, dans des manuscrits, dans
des imprimés qui sont un régal aux bibliophiles. Plusieurs
ont pris place dans la collection des *Bibliophiles Normands* :

« Le mardy xvii° jour de juing mil cinq cens et cinq, en l'ostel commun
de ladicte ville de Rouen, devant M° Loys Daré, lieutenant general, *etc.*
en la presence des xxiiii de la dicte ville a esté mis en deliberacion sçavoir
ce qui estoit affaire touchant la venue du Roy, dont mess. les conseillers ont esté advertiz par mons. de Saint Ouen, qu'il devoit venir
de brief en ceste d. ville, et qu'il alloit en court offrant que, s'il plaisoit
à mesd. sieurs luy bailler homme pour aller avec luy, il leur feroit sçavoir
lad. venue. » Après examen on conclut ainsi : « tous dient que on doit
aller en cour sçavoir de lad. venue et entree du Roy en cested. ville et
par semblable voir le conte dud. recepveur par abregé ou aultrement
pour sçavoir se ledit recepveur a deniers pour subvenir à ce qui convient faire pour ladicte entrée, et ont été nommé pour aller en court le
procureur et le greffier. »

Le 3 juillet, les conseillers s'occupent encore de l'entrée : que fera-t-on ?
où prendra-t-on l'argent nécessaire ?

« Jehan Guerin, s° de Moulyneaux, dit que on peult bien toujours pre-
parer et continuer à faire les establies et tout ce qui est affaire pour lad.
venue.

« Mons. l'advocat Aubert, que on doit sçavoir à gens yngenieulx ce qui
est affaire pour lad. entree et faire tout ce qui sera possible, et là où
sera prins argent pour subvenir audit affaire. L'en cherchera la derraine
deliberacion qui fut faicte il y [a] environ ung an touchant la venue dudit
seigneur et qu'elle sera veue pour sçavoir se il y a riens à aucmenter ou
dyminuer. »

Pour cette fois le voyage royal fut ajourné, comme il semblerait, d'après
ces derniers mots, l'avoir été déjà une première fois, l'année précédente,
1504. (*Archives communales*, Délibérations, A. 10.)

eux entrées, et non des moins brillantes, manquaient à leur érie, celle de Charles VIII en 1485 (1) et celle de Louis XII : » Bureau a quelque espoir de pouvoir offrir bientôt la preléère ; une heureuse circonstance a permis la publication de » seconde.

Indépendamment de ce qu'en a dit Farin, on a quatre relaions de l'entrée de Louis XII à Rouen : deux sont rédigées » façon assez sommaire dans les registres de l'Hôtel-de-Ville l du Chapitre de la Cathédrale ; une troisième, manuscrite, st conservée à la Bibliothèque Nationale ; la quatrième est ournie par une rarissime plaquette gothique.

C'est cette dernière qui devait particulièrement appeler attention des *Bibliophiles normands*. Les *Manuels* de Brunet t Frère en font mention, et, avant eux, le P. Lelong l'a ignalée en ces termes : *L'entrée du très chrétien roi de France .ouis XII en la ville de Rouen le 28 septembre 1508, in-4, othique. — L'entrée de la Reine à Rouen, 1508, in-4, gohique* (2).

Mais où rencontrer ce double imprimé ? Un exemplaire s'en tait trouvé dans la bibliothèque du duc de la Vallière en un 'olume factice intitulé : *Recueil de différentes pièces in-4*

(1) M. Ch. de Beaurepaire a publié l'entrée de Charles VIII, en 1854, .'après un texte manuscrit de la Bibliothèque nationale : *Entrée et séjour u roi Charles VIII à Rouen en 1485;* Caen, A. Hardel, 1854. Le duc le la Vallière en possédait une relation imprimée, dont le *Manuel du Bibliographe Normand* signale un exemplaire à la Bibliothèque impé- 'iale.

(2) *Bibl. histor. de la France,* nᵒˢ 26.161 et 26.462.

gothiques, etc. (1). Qu'était-il devenu ? Des recherches dans les catalogues des collections privées les plus célèbres et dans les principales bibliothèques publiques, en France et à l'étranger, sont restées longtemps infructueuses, quand le savant et très obligeant Conservateur de la Bibliothèque municipale d'Aix, M. Aude, en me transmettant à son tour une réponse négative, me laissa l'espoir d'une découverte possible dans le riche fonds *Méjanes* de la bibliothèque confiée à ses soins, alors encore inexploré. L'espoir s'est réalisé, et c'est là que M. Aude a découvert le recueil même du duc de la Vallière. Il le décrit ainsi :

« Le volume qui contient l'entrée du roi Louis XII et celle de la reine à Rouen est de format p. in-4, relié en maroquin rouge, tr. et fil. dorés, intitulé au dos : *L'enfant sage à trois ans*. Il provient de la bibliothèque du duc de la Vallière; c'est le n° 1331 du catalogue publié en 1783. Il a été vendu 14 livres 19 sous. Les indications données par De Bure sont incomplètes. Le recueil contient neuf pièces toutes imprimées en caractères gothiques; en voici l'énumération :

« 1. L'enfant saige a troys ans / interrogue par Adriã empereur, lequel luy / rend respõce de chascũe chose ãl luy demãde; *6 ff., bois sur le titre* (2).

(1) *Catal. de la bibliothèque du duc de la Vallière*, Paris, Debure, 1783, n° 1331.

(2) Dans la notice qu'il a jointe à sa publication de cet opuscule (Paris, A. Aubry, 1859), M. W. Martin écrit qu'il lui a été impossible de rencontrer un imprimé de cette pièce et qu'il la donne d'après un manuscrit en sa possession, à la fin duquel se lisent ces mots : *Imprimé à Rouen par Richard Goupil pour Raulain Gaultier*, etc. Voilà donc un imprimé, et d'une autre édition, sans nom.

« 2. L'entree du tres chrestien / Roy de France Loys douziesme de ce nom / Faicte en sa ville de Rouen, *etc.*

« 3. L'entree de la royne a rouen.

« 4. Le pater noster qui es in / celis des geneuoys en balade. Avec / une chanson fort ioyeuse et deux beaux Rondeaux desditz geneuoys / compose par maistre andry de la / Vigne secretaire de la Royne ; *4 ff., bois sur le titre et à la fin.*

« 5. La sömacion de par le roy no / stre sire au duc et seigneurs de Venise et au capitai ne de cremonne par le roy d'armes monioie et la / res-pôce que luy firent lesdicts ducs et seigneurs de / venise et capitaine de cremonne ; *2 ff.*

« 6. La monicion excôcement / anathematisacion et malediction dônee par / nostre saint pere le pape Julle moderne con / tre les veniciens et ceulx qui les fauorisent, ai dent et supportent. Publiee et imprimee a Rôme le xxvii iour d'auril ve et ix par le cômâdement de nostre dit saint pere le pape et / depuis trâslatee en françoys; *8 ff., armes papales sur le titre.*

« 7. La harengue de monsei gneur de Lodene proposee deuant nostre / saict pere le pape Translatée de latin en / françoys nouuellement : *16 ff.*

« 8. Les arceueschez / eueschez, duchez et contés du roy aume de france ; *à la fin :* imprimé a Paris par Jehan Trepperel, *etc.*; *4 ff., marque de Jean Trepperel.*

« 9. Extrait de certaines or / dônances Royaulx touchant les maisons et faux / bours de paris faictes par preuillege aux bour / geois ; *8 ff., bois sur le titre.*

« Ce précieux volume porte le nº 28534 de l'inventaire du fonds Méjanes à la bibliothèque d'Aix ; sa cote actuelle est *Inc.* 274-275. »

On peut remarquer que la plupart de ces pièces ont trait à des événements des guerres d'Italie, aux années 1507 à 1509, et ont été imprimées vers ces dates.

Il faut ajouter enfin que l'exemplaire imprimé de la doub⌐
entrée de Louis XII et d'Anne de Bretagne à Rouen, que fournit ce recueil, est le seul connu jusqu'à ce jour.

Le précieux livret ne porte aucune indication de son o⌐
gine : nom de l'imprimeur, date, lieu de l'impression, no⌐
de l'auteur, tout y manque. Si l'on prend garde à la précisi⌐
de la narration, on peut penser, sans crainte de témérité, q⌐
c'est à Rouen qu'il a vu le jour et à une date voisine de l'é⌐
nement qu'il raconte. Ces circonstances imposaient à ⌐
Société des Bibliophiles Normands une reproduction en fa⌐
similé. Mais ici il faut faire un aveu. Les clichés obten⌐
sont loin d'être satisfaisants, et pourtant il a été impossible
de faire mieux. On remarque en effet, au voisinage des marges
intérieures, et avec une intensité capable de choquer les
bibliophiles les moins délicats, une altération typographique
fâcheuse : les lignes s'infléchissent vers l'intérieur du livre,
en même temps que les caractères se resserrent et s'amin-
cissent. C'est que le volume de la bibliothèque d'Aix est assez
épais, les marges sont fort étroites, la reliure est très serrée
et ne bénéficie pas de ce dos souple si en faveur aujourd'hui.
Quelque effort que l'on ait tenté, l'on n'a pu remédier à la
rigidité du dos ni tenir les pages rigoureusement ouvertes à
angle droit devant l'objectif, et, dans la nécessité où l'on s'est
trouvé d'opérer sur des surfaces imparfaitement planes, il fallait ou renoncer au fac-similé ou se contenter d'images légère-
ment déviées du côté de la couture des feuillets (1). Malgré ces

(1) Dérelier le livre, il n'y fallait pas songer. Le règlement de la
Méjanes, imposé par le testament du donateur, interdisait même le dépla-
cement du volume.

éfauts le Bureau de la Société a cru qu'il fallait passer outre. 'ort heureusement les planches des deux titres sont demeu- 'es indemnes, et, quel que soit le résultat obtenu, la repro- uction que nous offrons a l'avantage de permettre l'étude et ı comparaison des caractères typographiques et de laisser ıux bibliographes la faculté de déterminer quelque jour, ›eut-être, l'auteur, le lieu et la date de l'imprimé original.

Cette plaquette gothique n'est pas seulement une curio- ité bibliographique ; elle fournit un récit amplement détaillé ›e la solennité de 1508 et, à ce titre, elle constitue une pièce ıistorique digne de préservation. Une autre relation, non moins ıntéressante, est celle qui est conservée au département des ınanuscrits de la Bibliothèque Nationale, n° 5749 du Fonds 'rançais. On la trouvera ici, à la suite de la première.

Le manuscrit, inédit, est contemporain de l'entrée même ; ›'est un mince cahier de 20 feuillets, en papier, de 20 cen- ımètres sur 16 environ, de 26 lignes à la page, les deux der- ıiers blancs, couvert d'une demi-reliure en maroquin rouge. ı provient de la bibliothèque des Bigot et est inscrit sous ›e n° 362 des manuscrits in-4 de la *Bibliotheca Bigotiana* (1). ı est entré à la Bibliothèque du Roi avec le fonds Bigot et igure ainsi sous le n° 362, page 89, dans la *Bibliotheca Bigo- iana manuscripta* de M. Léopold Delisle : « Entrée de .oui₃ XII dans Rouen en 1508 (2) ». Une petite croix, tracée

(i) *Bibliotheca Bigotiana*, Parisiis, 1706, in-8. — Pars V. *Catalogus* oiicıım *manuscriptorum bibliothecæ bigotianæ*, p. 25 : « Entrée de .oıiis XII dans Rouen en 1508 ».

(2) *Bibliotheca Bigotiana manuscripta*, publiée et annotée par M. L. ›ı liste. Rouen, 1877, p. in-4. (*Société des Bibliophiles Normands.*)

en tête de la première page, pourrait faire croire que le manuscrit a pour auteur ou pour copiste un ecclésiastique, si l'on n'observait en même temps que l'écrivain a dû ignorer le latin et a laissé à un autre le soin d'écrire les vers en cette langue, qui apparaissent d'une autre main.

Ce manuscrit ne donne pas le récit de l'entrée de la reine, mais il relate, avec plus de développements encore que l'imprimé, les détails de l'entrée du roi. Il insiste surtout sur la description très minutieuse des mystères ou allégories, semés sur le parcours du souverain. Cet aspect de l'entrée, l'aspect dramatique, mérite une attention particulière. On n'y observe pas moins de six établies ou théâtres. Le premier, élevé au bout du pont, représentait le Parnasse, avec Apollon et les Muses, qui, tour à tour, récitaient un compliment au roi, à l'exception cependant de la sombre et tragique Melpomène, qui, en un jour de joie, croyait ne pouvoir que se dissimuler et se taire. Le second théâtre, à l'entrée de la ville, figurait la France et l'Italie : un porc-épic y combattait et domptait un monstre à trois têtes, Milan, Gênes, Rome. Au parvis Notre-Dame, un troisième théâtre représentait la Normandie et ses léopards, Rouen et son agneau, rendant grâces au roi de la paix et de l'abondance dont jouissait la province sous la protection de son Parlement et de l'ordre judiciaire nouvellement établi. A la Crosse, une Renommée, appuyée sur la Force et la Prudence, exaltait par tout le globe la gloire du bon roi. Devant l'église Sainte-Croix-Saint-Ouen, une licorne et un cerf animés présentaient au prince les armoiries de France et de Bretagne, dont l'union lui était un gage de suprématie sur tous ses ennemis. Enfin, au pont le Robec, une sixième établie montrait un cheval indompté, au poil *rouan*, par'allusion à la ville, qui consentait seulement à se laisser monter par le roi. Et toutes ces scènes s'animaient : grâce à d'ingénieuses machines, des acteurs artificiels se mouvaient et jouaient leur rôle au passage du prince. Le tout d'ailleurs était expliqué par le secours de distiques latins et de vers français, inscrits sur les théâtres, et qui traduisaient les allégories données en spectacle.

De cette partie de la fête quel fut l'organisateur? Rien ne le fait connaître. Faut-il penser encore à Pinel, le poète-impresario des fêtes de l'entrée de Charles VIII (1)? L'analogie des jeux, offerts aux deux souverains, en fait naître l'idée, mais les vingt-trois années écoulées depuis 1485 rendent l'hypothèse un peu douteuse; et puis autrefois Pinel ne versifiait qu'en français et sa manière diffère de celle du poète de 1508.

J'ai joint aux deux relations, qui viennent d'être décrites, les récits des mêmes entrées de Louis XII et de la reine Anne, d'après les procès-verbaux inédits, consignés sur les registres de l'Hôtel-de-Ville et ceux du Chapitre de la cathédrale (2). Ce sont les versions officielles, et ce caractère fait leur intérêt. Les rédacteurs ont des préoccupations différentes : pour eux il ne

(1) Ch. de Beaurepaire. *Entrée et séjour du roi Charles VIII à Rouen*, etc.

(2) Archives de l'Hôtel-de-Ville, A. 10. (*Inventaire rédigé par M. Ch. de Beaurepaire*, p. 98). — Archives départementales, G. 2147 (*Inventaire rédigé par M. Ch. de Beaurepaire*, t. II, p. 246.)

M. de Beaurepaire, avec l'extrême obligeance et le parfait désintéresses'agit plus autant de noter l'enthousiasme ou la joie de la foule, l'éclat de la fête, les spectacles offerts aux souverains, mais de fixer les préséances, l'ordre des dignitaires et des corps présents au cortège, les costumes adoptés, les honneurs rendus, toutes choses qui pourront servir de précédents et que l'on consultera peut-être un jour.

A l'Hôtel-de-Ville on s'était réuni six semaines avant l'entrée du roi, le 21 août. Outre les XXIIII du Conseil, avaient été appelés, pour la circonstance, vingt-cinq à trente bourgeois notables et l'on avait délibéré « pour sçavoir ce qui estoit à faire pour la venue du Roy ». A cette assemblée, le receveur de la ville, Nicolas Osmont, avait été interrogé sur les deniers dont il pouvait disposer, « lequel a dit et respondu que, pour subvenir aux affaires de lad. entree, il fournyra jusques à IIII ou V mille livres ». Mais la somme n'avait pas paru suffisante : les uns opinèrent qu'il fallait suspendre les travaux de la ville, soit ceux du pont, soit ceux du palais

ment dont il est coutumier, a eu la bonté, dont je ne saurais trop le remercier, de mettre à ma disposition les copies des procès-verbaux des entrées, qu'il avait relevées autrefois lui-même aux registres municipaux et capitulaires, et de nombreux extraits des délibérations des deux assemblées relatives à l'évènement. On verra quels larges emprunts j'ai faits aux copies préparées par notre vénéré président.

Tous ces documents sont inédits. Une légère erreur, en effet, s'est glissée à ce sujet dans l'*Inventaire des archives communales*, p. 99 : ce sont les procès-verbaux concernant l'entrée du duc d'Orléans à Rouen, en 1492, qui ont été publiés par M. Richard (*Recherches historiques sur Rouen, Fortifications*, Rouen, Le Brument, 1845) et non ceux qui s'appliquent à l'entrée de Louis XII en 1508.

de justice, alors en construction ; d'autres, comme le procureur du Roy au bailliage, Gouel, pensèrent qu'il ne fallait rien négliger pour le luxe de la réception, qu'il était « de neccessité recouvrer par lad. ville grans deniers et le faire à l'onneur de lad. ville au myeulx que faire se pourra, et, se on n'en peult trouver, vendre rente pour subvenir et avoir deniers pour lad. entree, là où le recepveur n'en pourroit recouvrer, et le faire *segretement* ». Malgré quelque résistance des plus prudents qui combattirent l'emprunt, ce fut pourtant l'avis qui l'emporta. En effet, par Louis Daré, qui présidait en sa qualité de lieutenant général du bailli, il fut conclu, les avis pris, « que par lad. ville sera vendu jusques à mille livres de rente et au dessoubz », et procuration en fut baillée aux six conseillers et procureur de la ville (1).

Le 28 août, l'assemblée délibéra longuement sur la couleur des robes que porteraient les officiers du Roy, les conseillers et officiers de la ville et les bourgeois appelés à figurer au cortège : seraient-elles rouges, violettes ou brunes ? Question importante si l'on prend garde à l'idée de puissance attachée à la pourpre et à ses dérivés, et à la nécessité de proportionner la couleur à la dignité sous peine de déchoir. M' Robert Raoulin, advocat du Roy au bailliage, était d'opinion que les robes devaient « estre d'escarlate rouge ». Jehan Mustel, conseiller, « dit que pour l'onneur de lad. ville, lesd. conseilliers et officiers doyvent estre vestus d'escarlate vermeille », et Robert Poyllevillain, autre conseiller, « qu'ilz doyvent estre vestus d'escarlate entre deux coulleurs ». D'autres penchaient

(1) *Délibérations*, A. 10.

pour l'écarlate brune (1), d'autres qu'on pourrait prendre
l'avis de M. le Légat, le cardinal d'Amboise. Noël Pavyot
« dit que escarlate brune est la plus honneste et que de luy
il n'oseroit vestir escarlate rouge » ; Guillaume de la Roche,
« que les officiers du Roy et conseilliers de ville doyvent estre
vestus d'escarlate rouge et les bourgeois d'escarlate brune ».
Quelqu'un signala que, « à l'entrée du Roy à Paris, les esche-
vyns et conseilliers de lad. ville de Paris estoient vestus de
satin rouge ». Enfin on décida que « les officiers du Roy et
les six conseilliers de lad. ville porteront robes de satin viollet », et les bourgeois, c'est-à-dire les autres membres de
l'assemblée des XXIIII et les notables, des robes d'écarlate
brune « affin que lesd. conseilliers et officiers soient cognus
et dyvis des bourgoys de lad. ville ». Les robes d'ailleurs
étaient payées et offertes aux frais de la ville, si bien que
plus tard, le 4 novembre, l'un des quatre quarteniers, Romain
de la Chesnaye, s'attira une affaire pour avoir paru essayer
tirer profit de sa robe, devenue inutile la fête finie :

« A lad. assemblee a esté fait plaincte de ce que Roumaing
de la Chesnaye, cartenyer, avoit envoyé vendre publiquement
et par les rues une robe de satin viollet qui luy avoit esté
donnée par la ville à l'entree du Roy, qui est un deshonneur
de lad. ville et de quoy il a esté fort blasmé, et si a esté sur ce
ledit de la Chesnaye interrogué par led. Daré et a confessé
à lad. assemblee que lad. robe avoit esté par luy donnee à sa

---

(1) L'écarlate était une étoffe de drap, et la couleur en pouvait varier ;
c'est avec le temps que ce mot, perdant son sens primitif, en vint à dési-
gner une couleur particulière.

femme, et qu'elle avoit icelle offerte à vendre, mais n'avoit pas esté vendue et estoit encore en sa maison. » Mais les conseillers n'étaient pas gens à s'en rapporter à une dénégation, ils voulaient voir et toucher : « Ce fait, luy a esté commandé icelle envoyer querir, affin qu'elle feust veue, ce qu'il a fait, et a esté icelle robe apportee en la maison de lad. ville en la presence de messieurs les conseilliers et aprez luy a esté rendue. »

On s'était préoccupé aussi, le 28 août, d'améliorer un peu, pour la circonstance, l'état des rues et l'on avait arrêté que, « pour eviter aux immondices et infections qui chascun jour se font par les petiz enffans soubz les estaux qui sont le long des rues, aussi pour les empeschemens que lesd. auvens et chouquetz font aux passans par les rues qui sont estroictes en aucuns endrois et que à ceste cause lesd. rues sont empeschées, qui est eu prejudice de la voyrie et chose publique, il sera fait commandement à tous les habitans de lad. ville faire abatre lesd. auvens, estaux et chouquetz et autres choses nuysans et estans par lesd. rues, à certain brief jour, en la paine de trente livres d'amende. »

Puis on eut à fixer les honneurs à rendre au Roi, les harangues à prononcer, les demandes à adresser, les présents à offrir. Que ferait-on ? Qui parlerait ?

Dans une séance du 5 septembre, l'assemblée des XXIIII, augmentée de notables (ils étaient plus de quatre-vingts à délibérer), décide que les bourgeois iront au-devant du Roi en plus grand nombre possible, habillés d'écarlate brune, comme il a été décidé, que sur le parcours « les rues seront tendues à ciel (*aliàs* en ciel), et seront faictes lices », que

« des feux seront allumés par les hautes tours et maisons,
pourveu que se soient feux artificieux qui ne portent nul
danger », que les cloches seront sonnées. Enfin le lieutenant
général Louis Daré fut désigné pour faire le *propos* au Roi à
son entrée même dans la ville. Au surplus, on délégua deux
conseillers pour, sur le tout, prendre l'avis du Légat (1).

Le dimanche 24 septembre on entendit la lecture des lettres
missives du roi annonçant sa prochaine et première entrée
dans la ville, et, le lendemain 25, on se réunit de nouveau,
conseillers, vingt notables pour chacun des quatre quartiers
de la ville, et gens d'église, afin de fixer la seconde proposition ou harangue qu'on devait adresser au Roi, plus tard,
dans une audience qu'on lui demanderait. J'y reviendrai
quand je noterai ce qui se passa pendant le séjour royal.

En même temps qu'on se consultait à la Maison de ville, on
délibérait au Chapitre de la cathédrale.

Le 21 août, les chanoines chargent deux d'entre eux de
rechercher sur les registres ce qui a été fait aux entrées pré-
cédentes des rois et reines et de pourvoir à ce qu'il y aura
lieu d'adopter (2).

Le 25 on ordonne de faire laver les six piliers du chœur,
autour de l'autel principal, dont les fleurs de lys d'or dis-
paraissent sous la poussière.

Le 29, les chanoines députés à Paris et à Gaillon auprès du
cardinal-archevêque, rendent compte de leur mission : *eos*

_____

(1) Le cardinal était arrivé à Rouen le 7 septembre. (*Délibérations
capitulaires*, G. 2147).

(2) *Délibérations capitulaires*, G. 2117.

benigne suscepit et eos de multis est allocutus concernentibus edificium portalicii (1), *necnon de modo receptionis D. N. regis ad suam ecclesiam.* Le surintendant de la fabrique, Mésenge, est délégué à la préparation, avec gens compétents, d'un mystère, *misterio seu representatione facienda ad introitum D. N. regis pro honorificentia et congratulatione regia,* qu'on élèverait devant le portail : on a déjà vu que le spectacle consista en une pastorale où l'agneau de Rouen et les léopards de Normandie tenaient les rôles. Le même chanoine est chargé aussi de visiter *stabilimenta et instrumenta carpentarie,* les échafaudages et les charpentes du portail en construction, qu'il importait de faire disparaître, en totalité ou en partie, ou au moins de recouvrir pour la cérémonie.

Je vois aussi dans les comptes de la fabrique qu'un grand *tref* ou tenture de toile fut emprunté d'un maître de navire, et placé sur ces charpentes afin de mettre les chanoines à l'abri de la pluie; qu'enfin vingt-huit pièces de tapisserie furent louées au prix de sept livres et quatorze sous pour la décoration de l'église (2).

Le 7 septembre, Georges d'Amboise est reçu dans sa cathédrale, au son de la grosse cloche due à sa munificence, et le 11 suivant le Chapitre se rend auprès de lui, l'entretient à la fois des travaux de l'église et des honneurs rendus aux rois

(1) Il s'agit du grand portail de la cathédrale qu'on avait entrepris de reconstruire; le portail primitif était dans un état de dégradation qui ne permettait pas de le conserver. L'œuvre nouvelle, sur les plans de Jacques et Roulland Leroux, l'oncle et le neveu, avait été commencée dans l'été de l'année même 1508.

(2) *Comptes de la fabrique,* G. 2837.

précédents, et le cardinal recommande de s'en référer aux précédents, *absque innovatione*.

En parcourant les délibérations nombreuses, de ce jour jusqu'au 28 septembre, je relève les décisions suivantes :

La réception sera copiée sur celle qui fut offerte aux rois Louis XI et Charles VIII en 1462 et 1485 (v. s.). Quant à la reine, on en usera comme à l'égard du roi : *quoniam de receptione regine ex tempore antiquo nulla efficitur mentio in registris, domini dixerunt observari pariformiter sicut fit in receptione regis* (18 septembre).

La fontaine du parvis sera démolie pour permettre la construction du mystère projeté (16 septembre); seulement, dans la suite, on s'aperçut que les fondations de la tour de beurre étaient inondées.

Toutes les cloches seront sonnées à l'entrée du roi, à l'entrée de la reine et à leur départ (27 septembre) (1).

Les chanoines et chapelains se prépareront à l'office qui doit être célébré, en s'exerçant au chant, *pro decore et honore ecclesie et ad honestatem regie majestatis et regine;* ils se présenteront rasés et en beaux ornements, *cum vestimentis honestis et rasura,* et ils arriveront en temps utile, *hora competenti* (27 septembre). On fera garder les abords des portails, *dixerunt apponi custodes viros fortissimos ad custodiam portaliciorum.* Et si quelques chapelains sortent pour voir le défilé à travers la ville, ils auront soin, leur curiosité satis-

---

(1) Le battant de la grosse cloche, Georges d'Amboise, se rompit à la sonnerie de l'entrée du roi, et l'on paya dix sous aux artisans chargés d'en étudier la réparation (*Comptes*, H. 1857).

aite, de revenir avant l'arrivée du roi à l'église et les gardiens
des portails auront ordre de les laisser pénétrer. On dira none
après la messe et l'on chantera les vêpres après l'entrée du
roi ; la sonnerie pour l'entrée remplacera celle des vêpres.
Le chancelier du Chapitre (Jacques de Castignoles), occupé
des préparatifs au manoir archiépiscopal, sera dispensé le
lendemain de l'assistance à la messe (28 septembre).

Le vin et le pain capitulaires seront offerts aux princes,
aux officiers royaux et aux seigneurs suivant la Cour. Quant
aux souverains, l'offrande leur sera faite dès le lendemain de
leur arrivée, si l'archevêque en est d'avis (25 et 28 septembre).

Une question importante était celle des discours. A l'entrée
dans sa cathédrale, l'archevêque se chargeait de la harangue :
*accepit onus receptionis D. N. regis ad hanc ecclesiam necnon
de proponendo verbo ibidem apud D. N. regem in commenda-
tionem capituli et ecclesie cum oblationibus suffragiorum,...
congratulendo de suo jucundo adventu et referendo actiones
gratiarum de elargitione salis* (1). Pour la reine, c'est au
Doyen du Chapitre, M⁰ Guillaume Le Gras, qu'on délégua
l'honneur de la recevoir (21 septembre). Mais qui ferait le discours au roi lorsqu'on irait, dans quelques jours, à l'archevêché, lui présenter les vœux et les requêtes de l'église et du
chapitre? La mission fut encore confiée au Doyen, et à son
défaut au Chantre (21 septembre). Mais il paraît que, tout
honorable que fût cette charge, elle ne laissait pas que d'être
difficile et d'inspirer quelque effroi, comme on va voir. Le
Doyen se récusa; le Chantre (M⁰ Jean Le Tourneur) fit de

V. *Infra*, p. xl.

même, *attentis expositis per eum capitulariter, quibus audilis domini dixerunt conteniri et alloqui dominum vicarium Fillon pro onere ipso assumendo* (22 septembre). Mais voici qu'Artus Fillon, le grand vicaire de Georges d'Amboise, s'excuse à son tour, *pro certis causis per eum expositis;* il est vrai que déjà l'Hôtel-de-Ville lui avait confié semblable délégation. Alors, on revint au Doyen, qui dut s'exécuter, *et tandem domini dixerunt id debere fieri per dominum decanum* (23 septembre).

On avait délibéré et arrêté de nombreuses dispositions jusqu'au matin du 28 septembre, et tout à l'heure le roi, monté à cheval à midi, allait se présenter au grand portail, où le cardinal et le Chapitre l'attendraient et l'iraient recevoir.

Le Roi avait couché à Pont-de-l'Arche le 27 septembre, et, le jeudi 28, il en était parti à son lever et était arrivé au prieuré de Grammont, où il dîna. L'entrée était fixée à l'heure de midi. Un long cortège, formé à l'abbaye de Saint-Ouen, dit le registre communal, à la cathédrale, dit celui du Chapitre, où paraissaient le corps de ville, les bourgeois et tous les officiers royaux, les ordres mendiants, le clergé des paroisses, de Saint-Lô et de l'Hôtel-Dieu, les évêques, sortit de la ville, allant à la rencontre du souverain, et se présenta à lui dans la prairie qui s'étendait devant le prieuré de Grammont. Le grand sénéchal de Normandie, Louis de Brezé, lui offrit les clefs, le lieutenant général du bailli de Rouen, Me Louis Daré, fit la harangue, puis l'on se mit en marche. Près du monastère des Emmurées, on rencontra les cours souveraines, le Parlement ou Echiquier perpétuel, et les géné-

aux des Aides : le roi s'arrêta pour une nouvelle présenta-
tion et entendit le discours du P. Président, Jean de Selve ;
puis l'on traversa le pont, au bruit de l'artillerie des navires,
des trompettes, des acclamations, et au son des cloches, et l'on
suivit la grande rue du Pont jusqu'à la Crosse, le Roi s'avan-
çant à cheval, sous un poële porté successivement par les six
conseillers de ville et les quatre quarteniers, et faisant halte
aux diverses *établies*. De la Crosse, le cortège gagna, par
l'Hôpital, l'abbaye de Saint-Ouen, où l'abbé, Antoine Bohier,
présenta l'encens, puis l'on vint au pont de Robec, et, par la
rue Miette ou de Dame-Miette, à l'église Saint-Maclou, et l'on
arriva enfin par la rue qu'on appelait de l'Archevêché ou de
la Cour de l'Archevêché, aujourd'hui rue Saint-Romain, au
parvis Notre-Dame. Louis XII y fut reçu par son fidèle ministre, le cardinal d'Amboise, entouré du Chapitre et des
chapelains, qui lui offrit l'encens, l'eau bénite, et lui fit baiser
le livre des Évangiles. Le roi pénétra dans la cathédrale au
chant du *Te Deum;* devant le Christ, à l'entrée du chœur, devant le Saint-Sacrement exposé au grand autel, par trois fois
il fit son oraison ; après quoi le cardinal lui adressa un discours de congratulation et le conduisit au manoir archiépiscopal, où son logis avait été préparé.

La reine ne fit son entrée que le mardi 3 octobre, escortée
d'un grand nombre de dames et de filles d'honneur, et en-
tourée d'une partie de la Cour. On partit du prieuré de
Bonne-Nouvelle, où la reine s'était arrêtée, et l'on suivit le
même cérémonial et le même itinéraire qu'à l'entrée du Roi.
Les souverains restèrent à Rouen jusqu'au mercredi 25 octobre
et partirent ce jour pour Paris.

4

Louis XII était venu à Rouen, suivi de sa cour, princes, prélats, grands officiers, ambassadeurs ; la reine était accompagnée de princesses et de ses dames ; le cardinal d'Amboise était entouré d'évèques et d'abbés. La ville n'était point habituée à si brillante réunion, et l'on peut imaginer quel redoublement de vie et d'animation lui procura la présence prolongée de tant de hauts personnages, grandes dames, princes et princesses du sang ; jeunes seigneurs, hauts dignitaires et diplomates. Chevauchées, visites, festins, joûtes et tournois (on en signale), audiences royales, lit de justice : les registres officiels ne peuvent raconter la plupart de ces choses. Rouen dut être en fête pendant ces quatre semaines de l'automne 1508, et l'on ne peut que déplorer l'absence du moindre journal contemporain.

J'ai recueilli seulement ce qui suit.

Les mémoires du chevalier Bayard rapportent « qu'il y eut joustes et tournois par l'espace de huyt jours (1) ». Ces joûtes eurent lieu devant les halles de la Vieille-Tour (2).

Sur la foi du registre capitulaire (3), Gosselin (*Origines du théâtre à Rouen*, p. 35) et M. Ch. de Beaurepaire (*Notes sur le parvis de la cathédrale*, p. 51), (et je l'ai répété après eux dans l'*Introduction* au *Mystère de l'Incarnation*), ont pensé qu'un mystère fut joué devant le portail de la Cathédrale. Mais je crois bien que le passage invoqué du registre capitulaire n'a pas la portée qu'on lui a donnée. Le voici : « *Do-*

(1) Collection Petitot, t. XV. — Reproduit par Masseville, t. V, p. 60.
(2) *Délibérations municipales*, 5 octobre 1508, A. 10. — Ch. de Beaurepaire, *Notice sur les halles*, 1891.
(3) G. 2117, 29 août.

mini deputacerunt dom. *Mesenge, superintendentem fabrice, cum aliis quos ciderit erocandos ad conferendum invicem et conceniendum aliquos expertos... pro aliquo misterio seu representatione facienda ad introitum D. nostri regis pro honorificencia et congratulatione regia, circa portalicium.* »
Il ne me semble pas douteux qu'il ne faut pas voir là autre chose que la pastorale ou allégorie figurée, qui fut construite sur le parvis, que décrit l'entrée manuscrite et qui représentait la Normandie et la ville de Rouen jouissant de la paix et de la félicité sous le règne de leur bon roi.

Je note en passant que le duc d'Angoulême, suivi de plusieurs seigneurs, eut la fantaisie de monter à la tour de beurre, « *in suo jurenilis ætatis flore, tunica spoliatus* », avec plusieurs seigneurs, *in comitira aliorum dominorum nobilium*, sous la conduite d'un chanoine «*precio et duce* (1). »

Enfin on n'omit point les présents d'usage et qui font partie du cérémonial obligé. La ville offrit au roi un mouton d'or pesant trente-cinq marcs, et à la reine une hermine pesant vingt-un marcs d'or (2).

Le Chapitre présenta au Roi six gallons de vin et autant de pains, même quantité à la reine, trois gallons de vin et trois pains aux ducs d'Angoulême, de Bourbon, d'Alençon, de Calabre, et à l'Amiral de France, qui remercia par le don d'une magnifique chappe, le vin à d'autres seigneurs, notamment au Grand Maître, neveu du cardinal (3).

---

(1) *Délibérations capitulaires*, 24 octobre.
(2) *Archives communales*, 24 octobre, A. 10.
(3) *Délibérations capitulaires*, 29 et 30 septembre, 4 et 12 octobre.

Le Roi remit aux chanoines vingt-six écus d'or pour ses oblations aux messes capitulaires auxquelles il assista (1).

Les chroniqueurs et les historiens de Louis XII ne font guère mention de son voyage. On le trouve signalé dans la *Chronologia inclytæ urbis Rhotomagensis* de De la Mare : *Anno 1508 Ludovicus XII, Francorum rex, magna cum civium læticia festoque applausu Rhotomagi excipitur in novo adventu suo, XXVIII die septembris;* dans le manuscrit de la Bibliothèque Nationale, F. Français, 18930 (2) : « *cedit an, le XXVIIIe jour de septembre, veille S. Michel, Lois XIIe de ce nom, roy de France, feist son entrée en la ville de Rouen, qui faisoit bon voir. Et la reyne Anne, sa femme, feist son entrée dans Rouen le IIIe jour d'octobre ensuivant 1508* » ; dans la *Chronique du Loyal Serviteur :* « Durant ce temps, le roy de France, Loys douziesme, alla faire son entrée en sa ville de

(1) *Délibérations capitulaires*, 28 octobre.

(2) Ce manuscrit faisait partie du fonds Bigot. M. Héron, notre confrère, prépare pour la *Société de l'Histoire de Normandie* une édition de la partie intitulée *Notes chronologiques, 1073 à 1544*. M. Lormier possède un autre manuscrit du même texte, provenant également de la bibliothèque Bigot, qu'il a acquis à la vente des livres de M. E. Frère (n° 524 du Catalogue), et qui mentionne l'entrée dans les mêmes termes. Taillepied consacre juste trois lignes à l'entrée de Louis XII. Farin écrit son récit d'après les registres capitulaires et ceux de l'Hôtel-de-Ville. Le procès-verbal du Chapitre a inspiré les quelques lignes de D. Pommeraye (*Histoire de la cathédrale*), copiées depuis par Periaux (*Hist. chronologique de Rouen*). Masseville n'apprend pas grand chose (tome V). Legendre, l'historien du cardinal d'Amboise, ne dit rien.

Rouen et sa bonne compaigne la Royne, qui fut fort triumphante, car si les gentilz hommes y firent leur debvoir les enfans de la ville n'en firent pas moins; il y eut joustes et tournois par l'espace de huyt jours (1) ». C'est tout, ce semble.

Du silence de la plupart des historiens faudrait-il conclure que la venue du Roi n'eut pas de but ou de résultat politique ? Pourtant il n'est pas possible d'admettre ce séjour d'un mois sans de bonnes raisons, et je voudrais essayer de rechercher les causes qui purent déterminer le voyage, les motifs de sa durée et les actes qui en occupèrent le temps.

Pendant les six années qu'il avait possédé le gouvernement de Normandie, de 1492 à 1498, le futur Louis XII avait souvent séjourné dans sa capitale, il avait pu apprécier la fidélité, l'esprit de sagesse, l'affection des habitants, et, le roi de France ne pouvant oublier les amis du duc d'Orléans, il devait leur revenir. Mais, si elle s'accorde avec la visite un peu tardive de 1508, cette circonstance ne semble pas donner une explication suffisante aux quatre semaines du séjour, et je crois que l'on y doit et peut trouver des motifs plus graves.

On se rappelle l'aventureuse politique et les péripéties des expéditions de Louis XII en Italie. Après s'être allié aux Vénitiens pour la conquête rapide du Milanais, il avait ambitionné la possession du royaume de Naples, et, de concert avec le roi d'Espagne, Ferdinand le Catholique, il s'était emparé des États de Frédéric : mais les alliés Français et Espagnols s'étaient brouillés, et l'armée française battue à

(1) Collection Petitot, t. XV, p. 265.

Cérignoles et à Séminara, chassée de Naples et de Gaête, avait perdu tout le fruit de la campagne et ne conservait de ses conquêtes antérieures que Gênes pour toute retraite (1503-1504). D'autre part les Vénitiens s'étaient inquiétés des vues ambitieuses du roi de France aussi bien que de l'appui que leur avait donné le pape, leur rival dans la Haute-Italie, et, se tournant du côté des Espagnols, ils les avaient favorisés dans leur lutte contre leurs alliés de la veille. Louis XII, dès lors, méditait de déclarer la guerre à Venise.

D'un autre côté, sous la pression de l'opinion publique et à la demande expresse des États-Généraux de Tours de 1506, le roi de France venait de fiancer sa fille, Claude, à son neveu, le duc d'Angoulême, après l'avoir, par le traité de Blois de 1504, si dangereusement dotée et promise à l'empereur Maximilien pour son petit-fils, Charles d'Autriche, le futur Charles-Quint, et cette rupture devait inspirer des inquiétudes. Il semblait que l'on ne pouvait plus compter sur l'alliance du nouveau pape Jules II. Des guerres semblaient imminentes. Des négociations s'entamèrent entre ces rivaux et aboutirent en décembre 1508 à l'étonnante ligue de Cambrai, conclue contre les Vénitiens entre Louis XII, le roi d'Espagne, l'empereur et le pape. Ainsi en 1508 le roi de France avait besoin d'argent et de navires pour combattre la république de Venise, au besoin d'autres ennemis; en ce temps-là il s'en trouvait toujours en Italie.

En 1499, au mois d'avril, Louis XII avait créé à Rouen un ordre judiciaire nouveau, et, suivant l'énergique expression de Jean d'Auton « fu l'eschiquier de Rouen interdit pour le immortelles causes et procès infiniz qui la se tenoient au croc

ttachés », et le vieil échiquier avait été « transmué en une
hambre de Parlement » (1). Ce n'était qu'un commencement
e la réformation qui allait gagner, après la justice ordinaire,
elle des Aides et s'étendre à la Cour des Généraux et à la
able du Marbre. .

'Enfin la Normandie, libérée depuis un demi-siècle de l'occu-
ation étrangère, était entrée dans une ère de renaissance;
e grands travaux s'entreprenaient à la faveur de la paix in-
térieure : cathédrale, parloir aux marchands, palais du Par-
ment, pont, fortifications, occupaient en même temps l'at-
ention publique.

Ainsi subsides et préparatifs de guerre, nouvelle assiette
es institutions judiciaires, dépenses communales : toutes
es matières ne semblent pas avoir été étrangères au voyage
e Louis XII à Rouen. Il paraît bien certain que des confé-
ences avec les principaux ou les plus influents des bailliages,
u Conseil de ville, du clergé ou de la noblesse, étaient le
eilleur moyen de préparer le consentement des États aux
vées de deniers, et si, faute de documents, les preuves n'en
pparaissent pas certaines (2), on peut recueillir de sérieux
dices des affaires qui s'agitèrent, préparées ou conclues, au
urs du séjour qui nous occupe. C'est ce qui nous reste à
oir.

La ville de Rouen était assez riche pour qu'on ne l'oubliât

(1) *Chronique de Jean d'Auton*, t. II, p. 219 (*Soc. de l'Histoire de
rance*).

(2) Il n'existe malheureusement aucunes archives des États de Nor-
andie, qui n'ont pour cette époque reculée laissé nulle trace ni des
emandes du roi ni de leurs résolutions ou vœux.

pas lorsqu'il s'agissait d'alimenter le trésor de guerre, seulement elle ne s'exécutait que péniblement. On l'avait éprouvé deux ans auparavant, à propos d'artillerie : le vendredi 27 mars 1505 (v. s.) les conseillers délibéraient « touchant certaines lettres missives envoyees par le roy aux bourgeois et conseillers de lad. ville afin de bailler et delivrer la somme de iii mille v cens livres, pour fournir a la despense et mise de la fonte d'aucunes pieces d'artillerye que led. s' veult et entend estre fondues en ceste diste ville de Rouen pour la tuition et garde des places et chasteaulx de tout le pays et duché de Normandie, jouxte qu'il est contenu plus à plain auxd. lettres missives ». La destination indiquée n'était-elle qu'un prétexte ? Les conseillers l'ont pu craindre, et, le 30 mars, ils accordent la demande royale, après un long débat, et pourvu que la somme entière soit appliquée à la fortification de Rouen même (1).

Maintenant, c'est d'une flotte qu'il va s'agir. On vient d'assiéger et prendre Gênes révoltée (1507) ; le roi a des vues contre Venise ; il lui faut des navires : on en demande deux à la ville de Rouen, dont on connaissait le Clos des galées.

Le jeudi 16 décembre 1507, sont réunis en l'hôtel commun de la ville, devant M° Louis Daré, lieutenant général, les Vingt-Quatre de la ville, « appellez pour les advertir que par mons. le lieutenant general de Normandie leur a esté fait remonstrance touchant certains navyres qui sont necessaires estre fais en ce pays pour la garde et tuiction d'icellui, mesmement pour sçavoir quelz deniers sont ès mains de lad. ville

(1) *Délibérations*, A. 10.

touchans les aydes et aussi touchans les comptes, ainsi par ledit general a esté dit luy avoir esté donné charge par mons. le Legat ». Mais la ville est obérée par d'importants travaux, l'on ne répond pas et l'on décide de demander la prolongation des aides sur le sel pour la réfection du pont et la construction du palais de l'Échiquier, et l'on « conclud que en bonne et grosse compaignie on yra vers ledit s^r Legat luy faire remonstrance des choses dessus dictes (1) ».

Les États de Normandie siégeaient à ce moment même, le cardinal présent, et là aussi il avait été question des navires. A l'Hôtel-de-Ville, deux jours après, le 18 décembre, on reprit la délibération « touchans aucuns navyres dont a esté parlé à la convencion des troys estatz de ce pays, tenus par très reverend père en Dieu Mons. le Cardinal d'Amboise Legat en France, que le Roy demande estre faiz par les villes franches pour la sceureté de ce pays et en demande ung en cested. ville du port de 400 tonneaulx »; et, la matière étant d'importance, les XXIV du Conseil avaient ce jour-là convoqué avec eux « les carteniers, cinquanteniers de la ville, avec six ou huit marchans de chacun cartier qui ont acoustumé frequenter le fait et train de marchandise par la mer. » On émit divers avis. Alonce de Cyville, « interrogué que pourra bien couster ung navire dudit port de 400 tonneaulx, dit que pourra bien couster à son advis dix mille escus à le fournir tant d'appareux, artillerye que autres choses, ainsi qu'il faut equiper ung navyre de guerre. Plus dit que myeulx vauldroit en faire deux du port chascun de 200 que ung de 400, pource que ung si grant

(1) *Délibérations*, A. 10.

5

navyre ne peult navyguer en ceste coste et ne seroit que une gesne ». Un maitre de navire, Le Poullailler, « dit que la navyre du viconte d'Auge, qui estoit du port de 500 tonneaulx, cousta en toutes choses 17,000 livres, mais à son advys que myeulx vauldroit en faire deux moyens ». Et l'avis fut adopté de faire remontrance au Légat que deux navires du port de 200 tonneaux chacun seraient préférables à un seul de 400. Le ministre tint bon pour un grand navire.

Plusieurs mois après le bâtiment était encore sur chantier; les conseillers de ville s'en occupaient dans une séance du 25 mai 1508 et songeaient à le faire achever à Quillebeuf ; « a esté trouvé par gens congnoissans touchant le navyre qui de present se fait au clos aux gallees, pour ce qu'il avoit esté dit par aucuns qui pourroit passer par la traverse de Quillebeuf, que ledit navire pourra bien passer pourveu que ne soit chatellé ne maté, et aussi a esté trouvé qui sera de mendre coust à le faire audit lieu que n'eust esté le faire ailleurs ». Ainsi l'affirmaient deux maitres de navires, Geuffroy Bellenger dit Monblanc et Julyen de Gruaulte. Enfin le même jour on pria l'Echiquier, qui se plaint de la lenteur des travaux du Palais, de considérer l'affaire « dudit navyre que fault faire *en brief temps*, qui pourra couster quinze ou saize mille frans et plus. »

Des navires sont donc réclamés aux villes franches; le navire, imposé à Rouen en décembre 1507, est loin d'être achevé à la fin de mai suivant, et le roi prépare une guerre maritime. Il lui faut des subsides : les Etats de Normandie se sont réunis en décembre 1507, ils se réuniront encore en décembre 1508; la ville n'en peut mais, elle a allégué ses charges et demandé, au seul profit de celles-ci, la prolongation des aides qui lui ont été octroyées. Le roi vient en septembre : toutes ces affaires ne vont-elles pas être traitées ? Or, c'est en effet à ce moment-là même que se décidera l'entrevue, où va se conclure la ligue contre Venise entre Louis XII, le pape, l'empereur Maximilien et le roi Ferdinand d'Aragon. C'est de Rouen que partiront en octobre et se rendront à Cambrai les négociateurs du roi, le cardinal d'Amboise, l'évêque de Paris et le comte de Carpy; c'est de Rouen même que, par une lettre datée du 19 octobre 1508, Louis XII en donne la nouvelle au mandataire de l'empereur, Marguerite d'Autriche, sa fille, veuve du duc de Savoie et régente des Pays-Bas (1). Il est impossible de ne pas observer la corrélation de toutes ces circonstances.

La réforme judiciaire fut bien aussi pour quelque chose dans le voyage de Louis XII.

L'édit d'avril 1499 avait institué à Rouen la justice séden-taire d'un Échiquier perpétuel, mais ce n'était qu'un inci-dent des grandes mesures judiciaires inaugurées à la fin du

---

(1) *Lettres de Louis XII et d'Amboise, recueillies par Jean Godefroy,* Bruxelles, 1712, t. I, p. 120. — *Sic,* Daniel, *Hist. de France* (Paris, 1729), t. VII, p. 162. — Sismondi, *Hist. des Français,* t. XV, p. 499. — Maximilien avait même chargé la régente d'entraîner le roi d'Angle-terre dans l'alliance : c'était encore une raison pour Louis XII et ses con-seillers de venir à Rouen et de se rapprocher de la négociatrice, et l'on remarquera qu'il avait auprès de lui un certain nombre de ses diplomates habituels, le cardinal Légat, le cardinal de Prie, l'archevêque de Sens, les évêques de Paris et de Rieux, le chancelier de Ganay et d'autres. V. *infrà,* p. xlij, lj et suiv.

xv° siècle, et dont l'ordonnance de mars 1498 (v. s.) sur la
justice et la police du royaume est peut-être le principal
monument. Les prélats et barons, privés de leur antique pré-
rogative de rendre en Normandie la justice souveraine, ne
voyaient pas facilement leur droit passé aux mains de simples
professionnels, les magistrats nouveaux. Ceux-ci de leur côté,
habitués à de vieux usages, faisaient aussi quelque difficulté
de se plier aux prescriptions royales, si bien que, pour les y
soumettre tout à fait, Louis XII dut leur envoyer ses lettres
du 14 novembre 1507 qui leur enjoignaient d'enregistrer en
l'Echiquier de Normandie et d'exécuter dans cette province
ses ordonnances sur le fait de la justice et spécialement celle
de mars 1498 (1).

L'hôtel de Ville, le Parlement résistaient aussi à ce qu'ils
considéraient comme des empiètements de l'autorité royale
sur les franchises de la province. Ainsi dans une séance du
25 avril 1506, l'assemblée municipale avait décidé qu'on
requerrait de M" de l'Echiquier que le s' Fumel, Président au
Parlement de Paris, « fust arresté prisonnier jusques à ce
qu'il eust baillé une commission dont il étoit porteur et
renoncé à icelle pour ce qu'elle portoit execution d'un arrest
du Grand Conseil au prejudice des libertés du pais (2) ». Les
registres racontent encore que l'Echiquier était en conflit avec
le Grand Conseil au sujet d'un magistrat de la vicomté de
Valognes, pourvu par le Roi en concurrence avec un autre
juge reçu par les magistrats, et les conseillers de l'hôtel de

(1) *Ordonnances des Rois de France*, t. XXI.
(2) *Délibérations*, A. 10.

ille de faire cause commune avec l'Echiquier, au nom des roits et libertés de la province. Bientôt au reste on recevait os lettres du Légat qui « contenoient en substance que le Roi est mal content et fort anymé contre le pays de ce que on n'avoit acquiescé à son commandement » au sujet de cette faire (1). La présence du Roi, des explications, des déclarations de ses volontés n'étaient pas inutiles pour mettre fin ces conflits et à ces hésitations d'une magistrature nouelle

Le Roi se rendit à l'Echiquier « et tint son siége royal au rétoire », avec le chancelier et les princes du sang, le 24 octobre, la veille seulement du jour de son départ (2). Pavyot du Bouillon, dans son histoire manuscrite du Parlement de Rouen, dit qu'il n'existe « aucuns mémoires de la manière ont se passa cette cérémonie ». On peut croire qu'elle valut au nouvel Echiquier comme une nouvelle consécration, en ace des anciens juges féodaux dépossédés, et que le Roi, evant ses magistrats, ne manqua pas de proclamer l'autorité o ses ordonnances.

Les réformes continuent : après la justice ordinaire, la justice fiscale et administrative est réorganisée à son tour.

C'est à Rouen même, le 20 octobre 1508, qu'est signée l'ordonnance sur les pouvoirs et fonctions de la juridiction des

(1) *Délibérations*, 20 juin et 5 août 1508, A. 10.
(2) *Délibérations capitul.* G. 2147 : *sedit in throno regio magno aule sius palacii, honorifice apparato pro receptione ipsius, ut decebat, um omni plausu et leticia populi assistentis.* — Sic, *Archives communales*, A. 10.

Trésoriers de France ou Généraux des finances, qui trans-
forme absolument cette cour souveraine ; le 11 novembre suivant, à Paris, est rendue l'ordonnance sur la juridiction des
élus, les aides, tailles et gabelles, qui institue une véritable
réforme de la matière des impôts. A Blois, quelques jours
plus tard, l'ordonnance de novembre 1508 établit à Rouen un
siége de la Table de Marbre pour la Normandie, tributaire
jusque-là de la Table de Marbre de Paris (1). Enfin une charte
d'octobre 1508, datée de Rouen, avait accordé aux magistrats
de l'Echiquier de cette ville les mêmes droits et priviléges
qu'à ceux du Parlement de Paris (2).

Après les affaires judiciaires, des mesures d'ordre admi-
nistratif ont occupé l'attention du Roi pendant son séjour à
Rouen.

Suivant l'usage, le Conseil de Ville et le Chapitre de la
cathédrale eurent à présenter au Roi leurs vœux et requêtes.
Ils se mirent d'accord pour dresser et porter ensemble leurs
articles, ainsi qu'on le voit aux délibérations municipales
(25 et 29 septembre) et aux registres capitulaires (21 et 30 septembre). Le 25 septembre, les conseillers de ville, augmenté
de notables et gens d'église, se réunirent et désignèrent
Me Artus Fillon, vicaire de l'archevêque, pour s'acquitter
de « la proposition qui est à faire devant le Roy », et nom-

(1) *Ordonnances des Rois de France*, t. XXI. — Sur le nouveau siége
de la Table de Marbre, cf. Pavyot du Bouillon.

(2) Je trouve cette charte signalée dans *l'Histoire du Parlement de
Rouen* par M. Floquet, qui en cite quelques extraits, d'après les Archives
communales. (T. I, p. 397). Faute de répertoires suffisants, il m'a été
impossible de retrouver ce document.

rent une commission où se trouveraient avec lui M' Robert
oullin, advocat du roi, Jehan Guerin, Thomas Surreau,
han Mustel, Robert Poillevillain, conseillers, Jehan Heuzé,
ocureur des Etats, et les délégués des bailliages, et où l'on
rèterait la matière du discours et des requètes à présenter,
nt pour la ville que pour le pays. La députation eut audience
1" octobre, « et estoit le Roy en sa personne assis en une
ore en la grant chambre de Mons. le Legat, ledit Legat
osent et le cardinal de Prye et plusieurs autres evesques
prèlatz et tous les princes et seigneurs de son sang, et es-
ient presens avec led. Fillon à faire ladicte proposicion
usieurs chanoynes, mess. les gens du Roy, les conseilliers
officiers de lad. ville et jusques au nombre de quarante des
urgeoys de lad. ville ». M' Fillon demanda au Roi que son
n plaisir « fut garder et entretenir l'eglise en ses dygnitez,
inchises et libertez, mesmement qui lui pleust conferiner la
artre et entretenir et garder la ville et pays en ses libertez,
oictures et franchises et en toutes autres choses; remercya
d. seigneur de ce que son plaisir avoit esté venir voir sa
lle de Rouen. Et ce fait fut respondu par la bouche de mons.
chansselier (1) que le Roy entendoit entretenir et garder à
n pouoir les drois, chartre, previlleiges, franchises et liber-
z de lad. ville et pays, et conferiner dez à present içelle
artre, drois, previlleges et franchises (2) ».

(1) Jean de Ganay, P. Président. du Parlement de Paris, chancelier
France depuis 1507. Louis XII l'a souvent employé en Italie dans ses
gociations politiques.

(2) *Délibérations*, A. 10. — Par des lettres, données à Angers au
ois de février 1498 (v. s.), Louis XII, à son avènement, avait déjà con-

Dans des articles particuliers, le Conseil de la ville demande
en outre la réduction au huitième de l'impôt du quart sur le
vin (1). Puis on rappela une requête, antérieurement présen-
tée (2), en faveur des officiers et représentants de la ville, et
tendant à obtenir pour les six conseillers, le procureur, les
quatre quarteniers, le greffier, le maître des ouvrages, le
garde des hanses, à chacun « ung minot de sel gris par an et
ung boisseau de sel blanc », pour le sergent et le concierge
de la ville, à chacun « un minot de sel gris et demi-boisseau
de sel blanc, par an », le tout exempt du droit de gabelle ; et
ce fut accordé par lettres données à Blois au mois de janvier
1508 (v. s.) (3). Le Chapitre venait d'obtenir semblable
faveur, à savoir deux muids de sel non gabellé « à toucher
au grenier, ou sur les kays dans les bateaux, à son
choix » (4).

Les grands travaux à la charge de la ville ne pouvaient
manquer non plus d'appeler la sollicitude royale : la ville en
effet avait à la fois les fortifications à relever (5), le pont à

firmé la charte normande et les privilèges de la ville de Rouen. (*Archives
communales*, U. 2.)

(1) *Délibérations*, 29 septembre.
(2) *Délibérations*, 27 et 28 janvier, et 3 avril 1507 (v. s.).
(3) *Archives communales*, U. 2.
(4) *Reg. capitul.*, 21 sept. et 9 octobre 1508.
(5) Par des lettres données à Bourges le 12 mars 1507 (v. s.), le roi
venait de regarnir de munitions de guerre les villes de Normandie : à
Rouen il avait fait délivrer « cinq canons serpentins, une grande couleu-
vrine, deux autres plus petites, 248 harquebutes à crocq, 250 boullets de
fer servans aux canons serpentins, 50 boullets de fer servans aux grandes
coulleuvrines, et 40 caques de poudre ». (Archives communales, U. 2.)

reconstruire, dont deux arches étaient écroulées, le palais de justice à bâtir pour le nouvel Echiquier, qui siégeait en 1508 dans la salle des Procureurs, le seul édifice qui fût encore achevé, le Marché Neuf à transporter plus loin depuis que le nouveau palais en avait pris l'emplacement; enfin un nouvel hôtel de la Cour des Généraux venait d'être entrepris (1).

Un octroi spécial sur le sel, le hareng et l'alun avait été accordé pour le pont. Or déjà le 16 décembre 1507, le Conseil de Ville avait décidé d'exposer au Légat la nécessité de le proroger « pour les ouvrages qui pour le présent sont à la ville tant du pont que Pallais », et une députation du Conseil s'était rendue en Cour pour exposer la requête, plus urgente que jamais (2). On avait obtenu, suivant Lettres datées de Bourges le 14 mars 1507 (v. s.), le renouvellement de cet octroi pour quatre ans, et la concession accordait, outre l'aide sur le sel, « 15 sous sur chaque lestz de hareng, 5 s. sur chaque pièce de vin, 5 s. sur chaque cent de toile et 5 s. sur chaque cent d'alun (3) ».

Cependant les travaux n'avançaient guère, et le Conseil fut saisi le 28 mai 1508 des plaintes de l'Echiquier. Celui-ci « demandoit qu'il fut mis en l'edifice, qui de present se fait

(1) Le monument dit *Bureau des Finances*, sur le parvis de la cathédrale, commencé en 1508.

(2) *Délibérations*, 16 décembre 1507, 27 et 28 janvier et 3 avril 1507 (v. s.)

(3) Des lettres royales, de Blois le 22 avril 1512, renouvelleront encore les mêmes aides pour être employées « aux fortifications de la ville, réparation du pont et faire audit seigneur (le roi) une nef du port de 400 tonneaulx ». (Archives communales, U. 2).

6

au Pallais de Neuf Marché, vingt machons plus qu'il n'y en a
de present ou que ce qui reste à parfaire de machonneryo
soit baillé à la toyse affin qui puisse estro plus promptement
parfait et achevé, mesmement que promptement il soit pourveu de boys pour faire le convixe de l'ediflice encommen-
ché, aussi que par lad. ville soit payé la somme de lx l. pour
le louage d'une maison occupée par lad. court de l'eschiquier
et par eulx louée des chanoynes de la Ronde ». Les Conseillers accueillirent assez mal l'observation : Il est impossible,
dirent-ils « de subvenir aux affaires qui à present sont en la
dicte ville, qui pourront couster plus de 40,000 francs avant
qu'il soit ung an (1) ».

En siégeant à l'Echiquier, le 24 octobre, Louis XII put se
rendre compte de la lenteur des travaux, et, quoiqu'il connût
les charges municipales, il ordonna l'achèvement du Palais,
qui ne fut d'ailleurs mené à bien que seulement à quelques
années de là.

La cathédrale retint aussi l'attention royale. On venait de
commencer le grand portail : le cardinal d'Amboise promit
au Chapitre, pour son édification, un secours annuel de deux
mille livres (2).

A la demande de la Ville et du Chapitre, le Roi ordonna,
pendant son séjour, la démolition des petits changes ou bou-
tiques des orfèvres et changeurs, qui déshonoraient les
églises Notre-Dame et de l'Hôtel-Dieu de la Madeleine et en
encombraient les abords (3).

(1) Délibérations, A. 10.

(2) Délibérations capitulaires, G. 2147, 12 et 27 septembre 1508.

(3) Délibérations municipales, 4 novembre, et Délibérations capitulaires, 3 et 21 octobre 1508.

Dans un autre ordre d'idées, je note que la corporation des boulangers mit à profit le voyage de Louis XII pour obtenir de lui l'approbation de leurs statuts, dont ils obtinrent les lettres datées de Rouen au mois d'octobre 1508 (1). Les merciers semblent avoir fait de même (2).

On voit que les affaires à traiter ne manquèrent pas au Roi, à son Conseil et au Cardinal-Ministre pendant leur résidence à Rouen. Les questions d'intérêt général et celles d'intérêt local que j'ai signalées, d'autres encore sans doute, occupèrent leurs soins. Certes elles auraient pu être réglées de Blois ou de Bourges, séjours ordinaires de la Cour ; mais les intérêts des finances du roi et de sa politique, l'application des

(1) Archives de l'Hôtel-de-Ville.

(2) A l'égard des merciers il me reste un doute. Les lettres patentes qui les concernent, « portant mandement à la Cour de l'Echiquier de Normandie de donner aux marchands merciers de Rouen des lois et statuts conformes à ceux de Paris de l'année 1412 », sont insérées au tome XXI du *Recueil des Ordonnances des Rois de France*. Elles sont ainsi souscrites : « *Donné à Rouen le 2e jour de mars l'an de grace mil cinq cens et sept et de nostre règne le dixième*, et au-dessous, *Par le Conseil*, Signé *Le Lieur*. » Or Louis XII n'est pas venu à Rouen au mois de mars 1507 (v. s.). D'autre part, le continuateur de Laurière écrit cette note : « Je dois la copie de ce document à M. Floquet..., qui l'a faite d'après les archives de la mairie de Rouen, n° 196, sect. I, p. 9. Ces mêmes lettres ont été imprimées dans un recueil intitulé : *Statuts, ordonnances... des marchands drapiers de la ville de Rouen*, in-4, 1764 », ce qui est exact, comme elles le sont aussi dans une édition de 1749 du même recueil, et avec la même souscription que ci-dessus. Mais au tiroir 196 de la mairie de Rouen, le dossier I manque, et là ni ailleurs je n'ai pu trouver les lettres mêmes signalées par M. Floquet. Était-ce les

réformes et des nouvelles institutions judiciaires, les affaires
administratives et fiscales de la capitale normande avaient
tout à gagner à être débattues sur place, et devaient déterminer le roi de France à ne pas retarder davantage l'entrée,
qui était de tradition, dans sa bonne ville de Rouen.

Louis XII, suivi de la Reine et de la Cour, partit le
25 octobre, au son de toutes les cloches (1), après être demeuré
à Rouen vingt-neuf jours. Il se rendait à Paris, *ut fertur*
disent les chanoines. Il y fit son entrée solennelle le 10 novembre (2). Quant au cardinal d'Amboise, il laissa en même
temps sa ville archiépiscopale, mais ce fut pour gagner
Cambrai, où il allait négocier avec Marguerite d'Autriche.

———

Voici la liste des principaux personnages qui résidèrent
à Rouen en 1508, à la suite de Louis XII et de la reine Anne
de Bretagne.

PRINCES.

Le duc d'Angoulême : celui qui régnera sous le nom de
François I", fiancé depuis deux ans, à la requête des États

lettres originales elles-mêmes qui portaient la date, *Rouen, 2 mars 1307 ?*
ou bien cette date était-elle celle d'une expédition de chancellerie ou
autre ? La seconde hypothèse paraît probable ; la première ne s'expli-
querait pas.

(1) *Délibérations capitulaires*, 24 octobre.

(2) Les dames de Paris prétendirent lui faire oublier les dames de
Rouen : V. *Le débat des dames de Paris et de Rouen sur l'entrée du
Roy* (A. de Montaiglon, *Anciennes poësies françaises*, t. XII, p. 37).

Généraux de Tours, à la jeune enfant de Louis XII, Claude de France.

Le duc de Bourbon : Charles, le connétable de Bourbon, duc depuis la mort de son beau-père, Pierre de Bourbon, dernier duc de la branche aînée (1489-1527).

Le duc d'Alençon : Charles, comte du Perche et duc d'Alençon, fils du duc René, qui épousera bientôt Marguerite de Valois, la future reine de Navarre. Il fut gouverneur de Normandie en 1516 (1489-1525.)

Le duc de Vendôme : Charles de Bourbon, premier duc de Vendôme, fils de François de Bourbon, comte de Vendôme, et de Marie de Luxembourg ; il épousera Françoise d'Alençon, sœur du précédent, et sera le père d'Antoine, de qui naîtra Henri IV (1488-1537).

Le duc de Nemours : c'est Gaston de Foix, l'habile général qui commanda l'armée française en Italie et mourut en remportant la victoire de Ravenne, en 1512. Fils de Jean de Foix, vicomte de Narbonne, et de Marie d'Orléans, sœur de Louis XII ; il reçut du roi, son oncle, le duché-pairie de Nemours, rétabli en sa faveur en 1505, en échange de la vicomté de Narbonne. La relation imprimée le qualifie simplement *Mgr de Fouez*. Le registre de l'Hôtel-de-Ville l'appelle *Luisanz* de Fouez ; le sens de ce mot m'échappe ; le greffier a peut-être voulu écrire « l'infant de Fouez », titre qu'il avait porté jusqu'à la mort de son père, arrivée en 1500.

Le duc de Calabre : Ce titre était celui de l'héritier du trône de Naples. Le fils aîné de Frédéric III, roi de Naples, détrôné par Louis XII et Ferdinand le Catholique, en 1501, l'avait porté, mais, depuis la chute de son père, il était prisonnier en Espagne et ne recouvra la liberté qu'à l'avènement de Charles-Quint. Au temps où René, duc d'Anjou, possédait le trône de Naples, son fils Jean, duc de Lorraine du chef de sa mère, était duc de Calabre. Plus tard, Yolande d'Anjou, fille du même René, en épousant un prince de l'ancienne maison de Lorraine avait remis celle-ci en possession du duché de ce nom. Leur fils *Antoine, duc de Lorraine et de Bar*, à la fin de l'année 1508, ne portait encore, au mois de septembre de cette année, que le titre de duc de Calabre : c'est de lui qu'il s'agit. Cf. Champier, *Triomphe de Louis XII*, édition Godefroy, Paris, 1615, p. 347. — *Art de vérifier les dates*, v° Aragon et Naples. — P. Anselme, 1, 233.

Le comte de Saint-Paul : François de Bourbon, comte de Saint-Paul, l'un des fils de François de Bourbon, comte de Vendôme, et de Marie de Luxembourg, frère du duc de Vendôme ci-dessus ; marié à Adrienne d'Estouteville, héritière de cette maison, qui, par contrat de mariage (1534), lui apporta le nom, le cri, les armes d'Estouteville ; il fut fait duc de ce nom (1491-1545).

Le comte de Nevers : Charles de Clèves, comte de Nevers et d'Eu, comte de Réthel par son mariage avec Marie d'Albret; mort prisonnier au Louvre en 1521. Par sa mère, Charlotte de Bourbon, de la branche de Vendôme, il était cousin germain du duc de Vendôme et du comte de Saint-Paul, qui précèdent.

Le marquis de Rothelin : C'est Louis d'Orléans I", second fils de François d'Orléans, comte de Longueville et de Dunois, et petit-fils du fameux Dunois, bâtard d'Orléans. Il porta d'abord le titre de marquis de Rothelin, fief de sa femme, et devint

duc d'Orléans en 1513, à la mort de son frère aîné, François II,
duc d'Orléans, comte de Dunois, Tancarville et Montgommery.
Mort en 1516.

Le grand amiral : C'est le célèbre Louis Malet, sire de Graville, grand amiral de 1487 à 1516. La relation imprimée ne
laisse pas de doute : « Monseigneur le grand admiral seigneur
de Graville ». Il est vrai qu'au commencement de l'année 1508
il s'était démis de cette charge en faveur de son gendre,
Charles d'Amboise, et la reprit à la mort de celui-ci, en 1511.
Mais Charles d'Amboise se retrouvera, à l'entrée de la reine,
avec la qualité de grand maître de France.

Le grand maître : Charles d'Amboise II, chef de la maison
de ce nom, neveu du Cardinal-Légat, étant fils du frère aîné
de celui-ci. Il cumulait ce titre avec celui de maréchal de
France et celui de grand amiral, dont son beau-père, le sire
de Graville, le laissa jouir de 1508 à 1511, date de sa mort. Il
a pris part aux guerres de Louis XII en Italie et fut gouverneur de Milan. Il eut aussi quelque temps le gouvernement
de la Normandie.

Le grand écuyer : Galéas de Saint-Séverin, fils de Robert,
comte de Gajasse ou Caiazze, passa du service de Louis
Sforza à celui de Charles VIII ; il fut fait grand écuyer en
1506 et fut tué à Pavie, en 1524. La relation imprimée l'appelle « messire de Galliace. »

Le chancelier : Jean de Ganay, P. Président du Parlement
de Paris en 1505, chancelier de France en 1507, mort en 1512 ;

suivit Charles VIII et Louis XII en Italie et fut plusieurs fois chargé par eux de missions politiques.

Le maréchal de Guié : ce ne peut être que Pierre de Rohan, maréchal de Guié ou de Gyé, l'un des capitaines des guerres d'Italie. On peut cependant être surpris de le voir à Rouen en 1508, puisque l'inimitié de la reine lui avait, quelques années auparavant, suscité un procès à la suite duquel il avait été suspendu de sa charge et exilé de la Cour, et s'était retiré dans son château du Verger, en Anjou (1).

Mgr de Montmorency : Il y avait alors plusieurs seigneurs de ce nom, mais il s'agit ici de Guillaume, seigneur de Montmorency, troisième fils de Jean II, sieur de Montmorency, qui hérita de la baronnie, par préférence à ses deux frères aînés, Jean, auteur de la branche de Nivelle, et Louis, auteur de la branche de Fosseux, déshérités par leur père pour avoir embrassé le parti du duc de Bourgogne contre Charles VII ; il servit les rois Charles VIII, Louis XII et François I, et fut la tige des ducs de Montmorency et de Damville. (Anselme, III, 574, 602, Moréri, etc.)

Mgr d'Estouteville : Jean III, sire d'Estouteville, le dernier de la branche directe de cette maison, né en 1482, marié à sa cousine Jacqueline d'Estouteville, et père d'Adrienne, mariée au comte de Saint-Paul ; mort en 1517.

Mgr de Laval : Guy XV, comte de Laval et de Montfort, de la seconde maison de Laval, celle de Montfort et Lohéac,

(1) Les *Mémoires de Fleurange* (collection Poujoulat, t. V, p. 11), donnent sur sa disgrâce quelques détails curieux. — V. Sa Vie, par Brantôme, édition de la Société de l'Histoire de France, t. II, p. 530.

rt en 1531 ; il avait épousé Charlotte d'Aragon, princesse

Tarente, fille aînée de Frédéric d'Aragon, roi de Sicile.

Anselme, VII, 75.)

Le prévost de Paris : Jacques d'Estouteville, seigneur de

ne, baron d'Ivry, de la branche de Torcy, était encore pré-

de Paris en 1499, dit le P. Anselme (VIII, p. 99). M. de

s-Latrie, dans sa liste des prévôts de Paris *(Trésor de chro-*

logie), ne cite aucun prévôt entre lui et Jacques de Coligny

urvu de cette charge à la fin de 1509, et signale la nomi-

tion de Guillaume Roger en 1509 « pendant la vacance » :

cques d'Estouteville semblerait donc être resté prévôt jus-

à cette époque.

Mgr Pierre Le Clerc : Pierre Le Clerc, s' de la Forêt, de Sau-

nt et la Poterie, près Gournay, gentilhomme normand,

ambellan du roi en 1487 ; petit-fils de Jean, qui fut chance-

r de France ; a servi dans les guerres de son temps, et est

rt en 1509.

Mgr de Normanville : Jean Basset, seigneur de Norman-

le, commandait une compagnie de 1,500 hommes de pied

és en Normandie, et fit campagne en Italie dès 1498 ; il y

it de nouveau en 1509 ; petit-fils de Nicolas Basset, capi-

ne normand au service des Anglais, et petit-neveu de

n, chanoine et chantre de la cathédrale de Rouen (1).

Mgr de la Londe : Louis de Bigards, seigneur de la Londe,

ordinairement le capitaine La Lande ou La Londe ; fameux

1) Cf. Symph. Champier, loc. cit.; Masseville, t. V, p. 61. — *Chron. de*

n d'*Auton*, I, 21. L'éditeur de cette chronique croit qu'il faut le con-

dre avec Philippe Basset, qui fut bailli de Gisors.

capitaine normand, commandait un parti de 2,000 hommes de pied depuis 1498, « brave aventurier de guerre » et encore « vieux routier et capitaine de guerre », dit Brantôme. Maître d'hôtel du roi, bailli de Gisors. Il paraît fils de Guillaume et de Marie d'Estouteville; de lui descendent les Bigards, seigneurs, puis marquis de la Londe. Il est mort en 1544 au siège de Saint-Dizier (1).

Mgr le petit bailli Picard : Jean Picard, s' de Radeval et Neubosc, qui fut maître d'hôtel du roi (1515), bailli de Gisors (1523); il épousa Geneviève Basset, fille de *Jean,* seigneur de Normanville, bailli de Gisors. Mais l'auteur de la relation désigne peut-être ainsi son père : Louis Picard, chevalier, s' d'Estelan, etc., bailly de Troyes, homme d'armes des ordonnances du Roi, député de la noblesse aux États de Normandie en 1497, qui était fils de Guillaume, chevalier, s' d'Estelan, chambellan de Louis XI, bailli et capitaine de Rouen, etc., mort en 1493 (2).

Le bailli de Gisors : le nom de ce bailli m'échappe; je constate seulement que ce ne peut être le même que les seigneurs précédents, car la relation imprimée de l'entrée du roi les énumère tous ainsi que lui (3).

Le chevalier blanc : capitaine qui commandait 500 hommes d'armes à pied, connu sous ce nom ou celui de La Bastie, et

---

(1) Cf. *Œuvres de Brantôme* (Soc. de l'Histoire de France), III, 235, et VI, 167. — *Chronique de Jean d'Auton* (même collection, I, 59, notice).

(2) Farin, I, *passim.* — Anselme, VIII, 161.

(3) Cf. la notice sur *Normanville* de M. de Maulde La Clavière (*Chronique de Jean d'Auton,* I, 59).

ui prit part sous ce pseudonyme aux guerres d'Italie de ce
mps-là (1).

Jean Stuart, capitaine des gardes : on trouve en effet parmi
s combattants français, à la bataille d'Agnadel, Jean Stuart,
capitaine de cent archers de la garde écossaise et des vingt-
nq archers qu'on nomme archers de la garde du corps (2)».

ne faut pas le confondre avec le célèbre Robert Stuart, dit
maréchal d'Aubigny, capitaine de cent gardes écossais,
ui avait commandé l'armée française dans la campagne de
303 dirigée contre le roi de Naples.

Le grand sénéchal de Normandie : Louis de Brézé, comte
e Maulévrier et de Mauny, capitaine de Rouen, grand séné-
hal depuis 1491, le troisième de son nom, à qui sa veuve,
ïane de Poitiers, éleva dans la cathédrale le riche mausolée
ue chacun connaît. Il avait précédé le Roi à Rouen et y était
rivé le 14 août, revenant d'Italie, « de delà des monts (3) ».

Le livret imprimé cite encore plusieurs autres hommes
'armes : *Mgr de Bron, Mgr de Montbouen* (peut-être Mont-
eron), *Mgr de Melesse,* dont l'identification paraît incertaine.

AMBASSADEURS

Suivant l'usage, un certain nombre d'ambassadeurs sui-
aient la Cour. Il est intéressant de constater qu'à la veille

(1) Cf. *Chronique du Loyal serviteur* (collection Petitot, XV, p. 269).
Symph. Champier, *Le Triomphe de Louis XII* (recueil de Th. Gode-
oy, Paris, 1615, in-4, p. 337 et 351.)
(2) S. Champier, *Triomphe de Louis XII,* édition citée, p. 344.
(3) *Délibérations,* A. 10. — *Mémoires de Fleurange* (collection Pou-
ulat, t. V, p. 11). — *Chronique de Jean d'Auton,* IV.

du jour où allait être signée la ligue de Cambrai contre les Vénitiens, ceux-ci avaient leurs représentants aux côtés de Louis XII. Nos relations citent encore les ambassadeurs du roi d'Espagne (Ferdinand le Catholique), du marquis de Mantoue (Jean-François, 1484-1519), du duc de Ferrarre (Alphonse d'Est, 1505-1534, beau-frère du précédent, qui avait épousé Isabelle d'Est), du duc de Savoie (Charles III, 1504-1553, fils de la célèbre Marguerite d'Autriche, gouvernante des Pays-Bas, chargée par les alliés de négocier la Ligue de Cambrai), qui tous allaient entrer dans cette Ligue ; enfin les ambassadeurs de Florence et de Gueldre, alors sous la régence de la même Marguerite.

PRÉLATS

Tant à la suite du Roi qu'auprès du cardinal d'Amboise, l'entrée de Louis XII avait réuni un bon nombre de prélats.

Le cardinal-archevêque d'Alby : Louis d'Amboise, qui occupait ce siège depuis 1503, après avoir occupé celui d'Autun, et avait reçu la pourpre en 1506 ; il était frère de Charles d'Amboise, amiral, maréchal et grand maître, que l'on a déjà vu, et neveu de Georges d'Amboise.

Le cardinal de Prie : René de Prie, fils d'Antoine, grand queux de France, et de Madeleine d'Amboise, et par celle-ci cousin germain du Légat. Evêque de Bayeux en 1498, cardinal en 1506, évêque de Limoges en 1510, il était connu sous le nom de cardinal de Bayeux. Ce fut un des négociateurs ordinaires de Louis XII dans les affaires d'Italie. La relation imprimée ne le cite pas, tandis que son nom se trouve à la relation manuscrite et au registre de l'Hôtel-de-Ville.

Le cardinal du Mans : il n'est nommé que dans la relation imprimée, tandis que les récits manuscrits ne signalent que les cardinaux de Prie et d'Alby. Philippe, cardinal de Luxembourg, évêque du Mans depuis 1477, avait résigné son siège épiscopal en 1506 en faveur de son neveu, François de Luxembourg ; il le reprit à la mort de celui-ci, en 1509, et le garda jusqu'à la fin de ses jours, en 1519. En 1508 il eût été plus exact de l'appeler cardinal du Luxembourg que cardinal du Mans.

Nos relations donnent les noms de trois évêques qui suivirent Louis XII en Italie et furent employés par lui dans les diverses négociations :

L'archevêque de Sens, Tristan de Salazar, qui gouverna ce diocèse de 1475 à 1519 ;

L'évêque de Paris, Etienne de Poncher (1503-1519), garde des sceaux de France en 1512, et archevêque de Sens à la mort du précédent ;

L'évêque de Rieux, Pierre-Louis de Voltan (1501-1519).

A la suite du roi, nos entrées signalent encore :

L'évêque d'Angoulême : Antoine d'Estaing (1506-1524), qui siégeait au Conseil du Roi ;

L'évêque de Tournai : Charles de Hautbois (1506-1513), maître des requêtes du Roi ;

L'évêque de Beauvais, Louis de Villiers-l'Isle-Adam (1488-1521), fils du prévôt de Paris, chambellan de Louis XII.

L'évêque de Vabres, Louis de Narbonne (1497-1518), abbé de Fontevrault.

. Parmi les évêques de Normandie, on voit à l'entrée de Louis XII, outre le cardinal de Bayeux :

L'évêque d'Avranches, Louis de Bourbon-Vendôme (1485-1510), fils naturel de Jean de Bourbon, comte de Vendôme, grand-père du duc de Vendôme ci-dessus (1).

L'évêque de Lisieux, Jean Le Veneur (1505-1539), fils du baron de Tillières et de Marie Blosset, plus tard grand aumônier de France, abbé du Bec, et cardinal en 1533.

Après les évêques venaient de nombreux abbés; nos textes signalent ceux des abbayes normandes du *Bec*, de *Saint-Wandrille*, de *Bon-Port*, de *Beaubec*, de *Saint-Georges*, de *Sainte-Catherine*, et le célèbre Antoine Bohier, abbé de *Saint-Ouen* et de *Fécamp*, l'un des présidents de l'Échiquier perpétuel, en 1499, depuis cardinal et archevêque de Bourges, enfin les abbés de *Saint-Denis* et de *Saint-Germer*, au diocèse de Beauvais.

Un grand nombre de ces hauts personnages se retrouvèrent à l'entrée de la Reine. Elle était en outre accompagnée de ses dames et filles d'honneur, en grand nombre, les unes à cheval, les autres dans des « chariots », et l'on voyait à ses côtés plusieurs princesses :

La duchesse d'Alençon : Marguerite de Lorraine, veuve de René, duc d'Anjou, mort en 1492. Quoique le père Anselme (I, p. 276), dise qu'elle se retira dans le couvent de Clarisses, qu'elle fonda à Argentan après la mort de son mari, elle était encore à la Cour en 1508 : au mois d'août de cette année elle avait marié sa fille à Guillaume Paléologue, marquis de Mont-

(1) V. l'*Hist. chronol. des évêques d'Avranches de* M⁰ *Julien Nicole*, publiée par Ch.-A. de Beaurepaire, dans les *Mélanges*, 1ᵉ *Série*, de la *Société de l'Histoire de Normandie*.

ferrat, et le mariage s'était célébré à Blois. Son fils, le duc d'Alençon, qui figure dans l'entrée, ne devait épouser Marguerite de Valois, la sœur du duc d'Angoulème, qu'à la fin de l'année 1509.

La comtesse de Dunois : Françoise d'Alençon, fille aînée de René, duc d'Alençon, et de Marguerite de Lorraine, mariée en 1505 à François d'Orléans, comte de Dunois, duc de Longueville et Tancarville, frère aîné du marquis de Rothelin, précité, veuve en 1512 et remariée à Charles de Bourbon, comte puis duc de Vendôme ; morte en 1550.

La comtesse de Nevers : Marie d'Albret, fille de Jean d'Albret et de Charlotte de Bourgogne, comtesse d'Eu. On a vu cité plus haut son mari, Charles de Clèves, comte de Nevers, qu'elle avait épousé en 1504 (v. s.); elle est morte en 1549.

La marquise de Rothelin : Jeanne de Hochberg, fille de Phillippe, comte souverain de Neufchâtel et seigneur de Rothelin, mariée à Louis d'Orléans, le marquis de Rothelin précité.

drap dox ⁊ auoit ꝟng colliet a coquilles de loxdxe ⁊ ꝟne tocque
ꝟelouy ꝟiolet cramouesy:⁊ estoit monte sur ꝟng des hommes
i luy auoit este donne a ladicte entree lequel faisoit petis sautx
ubz ledit poltte Lequel poltte estoit de drap dox a franges de ꝟel
uy ꝟiolet ⁊ de fil dox

Item apxes ledit seigneur marchoit monseigneur dangoulesꝫ
e ꝟestu en drap dox a bxdes my partis de satin blanc ⁊ ꝟermeil ⁊
aco monseigneur le duc dalencon:monseigneur de foiy monsei
eur de bourbon:mōseigneur de calabxe:monseigneur de neuers
nseigneur de ꝟendosme tous ꝟestuzen ꝟelouz noir:auec plu
urs aultres grans seigneurs de nom lesquelz astoient tous en
uble apxes le roy/⁊ par especial monseigneur de mont morency
en point ⁊ acoustre

Item ⁊ au coste diceulx seigneurs estoient tresreuerendepers
dieu monseigneurs le Legat/monseigneur le cardinal du mans
onseigneur larcheuesque de sens: monseigneur de paris mon
gneur leuesque et conte de beauuais mōseignx de lisieux/mon
gsir labbe de se fra auec plusieurs autres grās pxelaz arceuesqs
eqs ⁊ abbez desquelz les noms soit inombxables/⁊ semblable
enf des seigneurs ⁊ commun qui supuopient le train

Item en apxes marchoiēt sur cheuaulx les archiers de la garde
roy en moult bel ordxe ⁊ bix en point tant frācois que escossois
out hocque tous apapilxotes dox ⁊ dargēt ⁊ en champs apapilxo
ᷣ dox de la liuree du roy le poxc a pic couronne

Et pour lhonneur ⁊ en la reuerence du roy noftredit seigneur
rent txduitx les rues ⁊ encourtinees par en hault de draps de sar
s launes ⁊ rouges Et a la poxte du pōt hoxs la ꝟille auoit ꝟng
charfault duquel soxtist deux anges lesquelz tenoient les clefz
ladicte ꝟille ⁊ les pxesenterent au roy, Et incontinent que le
y les eust pxinses il les leur rehdit ⁊ lesditz anges sen xetournes
it a tout au lieu dont ilz estoient ꝟenuz soxtiz Et aussi auoit au
e escharfault ꝟng beau patix ou pxeau auquel estoiēt en nombxe
filles dansant ⁊ menant ꝟie melodieuse semant fleurs de tous
s couleurs sus la personne du roy ⁊ estoient lesdictes filles ꝟe
ues de damas ꝟermeil et bleu Et au deffonbz dudit escharfault
oit escripf ce qui sensupt

℄ Prince dexcellente value
De tout mon cueur ie te salue
Offrant escripte tes hystoires
Et tes haulx gestes meritoires
Jay prins la trompe resonnante
Pour estre a tes lotz consonante
Je tay donne verdissante ieunesse
Et te pronutz florissante vieillesse
Aulx aultres roys les terres ie mesur
Mais tu en as et auras sans mesure
Le ciel le soleil et la lune
Te promectent bonne fortune
Tes dignites souuent ie rememoire
Pour en auoir eternelle memoire
Puis que apolo nous veult auctorisez
Pour tes vertus ie doibtz cithariser
Je descriray de tes fiers enneinys
Leurs courages a ton pouuoir submys
Puis quen toy nest cause de tristesse
Cest bien raison que triste chant se cesse
℄ Item est a noter quil y auoit autant lati que francois contena
en substance telles choses
℄ Item et plus hault auoit ce qui sensuit

℄ Reucillez vous muses de sapience
Pour presenter selon vostre science
Joyeusement et en plaisant arroy
Chascune vng don au treschrestien roy
℄ Item ledit seigneur estãt sur le pont fut lasche grãt quãtite
pieces dartillerie tant des nauires qui estoiẽt sur le port que du ch
steau et autres lieux de la ville qui faisoit br loupz
℄ Item au bout du pont a lentree du coste de la ville auoit vn
establye ou eschaffault auquel auoit vng theatre: seʒ estoit d
armes de france auecques ce deulx portz apiez sung durng coste
saultre daultre coste et au dedãs y auoit vng rochir rauquel auo
du coste oroit a entrer vng porca picet au hault dudit rochier

oit escript france ⁊ daultre part y auoit vng ſtuplt a troys gueul
s gectant feu ⁊ au milſieu vng loup paiſſant . Et dedans ledit
rochier y auoit vne lieparde dont ne ſortiſſoit ῇ la teſte ⁊ au hault
oit eſcript plaſie ⁊ au dehors ce qui ſenſuit

    ℄ Le porc a pic magnanime ⁊ puiſſant
I triumphe ⁊ monſtre merueilleux
Zn triumphant ſur tous les orgueilleux
hui ſe ſerpent ⁊ aigle rauiſſant

℄ Item plus auãt en ſadicte viſſe deuãt noſtre dame y auoit vng
echarfault auquel auoit vng theatre en hault eſleue auῇl auoit
emblables armes comme deuant ⁊ au dedans vng autre rocher
en fait a merueilles auquel y auoit vng aigneau blanc au bas et
u deſſus y auoit vne fontaine courant par cinq ou ſix bouillons
rouſant vng ſpe:⁊ au deſſus hault eſtoit en lair dame iuſtice
aqu ſie tenoit vnes ballances en vne main ⁊ en lautre vne eſpea
Bt en bas a coſte dudit aigneau y auoit deux liepars lafſle choſe
e faiſoit beau veoir:⁊ au dedãs eſtoit eſcript Juſtice Et au dehors
e qui ſenſuyt

I Du lis aſſis ſus hault rochier
Sourt de iuſtice ſa fontaine
Les liepars ſe cours apmient chier
Bt laigneau en trenue leaue ſaine

I Tous les patiz de ce demaine
Sont plains de ſa ſuauite
Sont laigneau deſſe cueuſt ſa laine
Bt les liepars ℄humiſite

℄ Item en vng autre carrefoure plusauant a la croſſe auoit vng
echarfault auῇl auoit vne Nuce bien ſaicte ⁊ en icelle nuce auoit
u dedans vne ſaincte en lair dicte eſtre la renõmee du roy ⁊ tenoit
en ſa main vne couronne:⁊ au bas y auoit dame force dung coſte
aquelle tenoit vng dragon/⁊ en lautre coſte prudence:laquelle
enoit vng crible: ⁊ y eſtoit eſcript ce qui ſenſuit

La renommee du roy force prudence
℄ Au bois par l agrant prouidence
De dame force ⁊ de prudence
La couronne par tout nominee
Touther les cieulx par renommee

℃ Item pres saincte croix de sainct ouyn auoit vng autre escharfault en laquelle auoit vng grant cerf dung coste et vne licorn
toute blanche daultre coste: et au meilleu estoit vng theatre em
pli de fleurs de lis doz et daultre coste a hermines et y auoit escri
ce qui ensuyt

Quant la licorne et le grant cerf
Larmoyrie conioinct ensemble
Il nest en temps qui ne tremble
Et quilz ne rendent a eulx serf

℃ Item pres la maison de pierre sur robec auoit vng escharfault
auquel auoit vng cheual rouen ou estoit comme vng enfant de bour
geois de la ville lequel montoit dessus Et aux deux costez auoit
deus hommes ausquelz ledit cheual faisoit semblant les vouloir
mordre & leur rechignoit Dont lung des diz hommes estoit vestu en
camelot fanne & lautre en camelot gris blanc: et au dehors estoit
escript ce qui sensuyt

℃ Mon bon rouen de couralge loyal
Humble se rend a toy prince royal
Et de bon cueur a te seruir se donne
Iusques a la mort sans ailleurs se habandonne

℃ Et depuis que ledit seigneur fut entre plusieurs pieces dartille
rie furent tirees qui faisoit moult bel ouyr retentir sur la riuiere
Ledit seigneur marcha iusques a nostre dame ou les chanoines vin
drent le receuoir & luy presenterent vng sourpelyz & vne aumusse
comme au premier chanoine

℃ Et apres la salutation faicte a la glorieuse vierge marie: il sa
ala: en la maison de monseigneur le legat la ou on auoit prepare se
disner Et la messieurs de la ville luy presenteret vng aigneau doz
pesant quarante marcz doz ou enuiron

℃ Toutes lesquelles choses ont este ainsi faictes: et en la maniere
que dessus Et au soir les feuz furent faitz parmy la ville et car
refourcz dicelle. Et fut ladicte entree faicte enuiron douze heures
du matin

Finis

Lentree du treschrestien

Roy de france Loys douziesme de ce nom faicte en la ville de Rouen . le . xxviii . iour de Septembre. Mil cinq cens et huyt.

A La gloire & louenge de dieu le createur le lendy .vp. iour de septembre mil cinq cens et huit fut faicte lentree du treschrestien roy de france loys douziesme: de ce nom en la Ville & cite de rouen en la facon et maniere qui sensuyt

¶ Et premierement il est assauoir que tresreuerend pere en dieu monseigneur le legat georges danboyse archeuesque dudit roue marcha le premier pour aller au deuant dudit seigneur acompaigne de reuerendes peres en dieu monseigneur le cardinal du mans monseigneur larcheuesque de sens monseigneur leuesque de paris monseigneur leuesque & conte de Beauuais monseigneur de lisieux Et plusieurs autres grãs seigñrs & prelatz: apres lesquelz marchoit les quatre mandies auecques les processions & Banieres de ladicte Ville lesquelz sortirent & vindrent au deuant dicelup seigneur Et lup fut presente par mõdit seigñr le legat trois excellens haubie couuers de hon fis de veloup cramoysi/& les brides couuertes de drap dor dont le roy estoit monte sur lun en ladicte entree

¶ Item apres marchoit & sortit hors monseigneur le Viconte du dit rouen acompaigne de lacinquantaine lesquelz estoient habilles en beaulp hocquetons a papillotes dor & dargent & au champ a papillotes dargent vng monton blanc & estoient montez sur beaulp gros courlaulp

¶ Item apres marchoient les sergeans et officiers de ladicte Ville en fines mantelines de gris blãc a larges bendes de veloup noir desquelz il p en auoit vng qui portoit vne masce dor deuant eulp

¶ Item apres marchoient les lieutenans de mõseigneur le bailly cest assauoir loys dare & maistre charles mõsault habillez en escarlate asuree

¶ Ite en apres marchoient sur bons gros cheuaulp les courtiers et marchans de draps abillez de drap bl u en maniere de manteline

¶ Item apres les courtiers de vins en la cõpaignie desquelz auoit vng ieune filz: lequel portoit en vne manche atachez tous les instrumens fais en argẽt qui dupsent audit courtage Tous lesquelz

courliers estoient habillez de drap bleu en maniere de ꝗ manifelaine
de plusieurs autres couleurs

Item apres marchoient messeigneurs de la monnoye iusques
au nombre de huyt ou dix: desquelz y en auoit deux qui estoient les
pmiers apꝫ hocquetôs to⁹ couuers de eſcuz doz ꝗ de gros dargẽb
par le corps Et estoient iceulx hocquetôs to⁹ de satiny tenne brun

❡ Item en apres marchoient nleſſeigneurs les quatre generaulx
veſtuz en eſcarlate brune selon luſage de gens de conſeil môntez
ſur mules ꝗ ſur muletz
❡ Item marchoient les quatre conſeilliers de de la ville les procu
reurs:clercs ꝗ bourgois: leſquelz estoient veſtuz de satiny violant
tirant ſur couleur perſe ꝗ grant nombre de bourgeois:manans ꝗ
habitans de ladicte ville
❡ Item auſſi marchoit mõſeigneur pierre le clerc habille de robbe
de iope tannee violant
❡ Item apres iceulx marchoient en grãt pôpe ꝗ triũphe mõ ſeignꝛ
le grã. ſeneſchai de normãdie/mõ ſeignꝛ de normãuille mõ ſeignꝛ
de la fonde:mõ ſeigneur le petit bailly:leſqꝫ eſtoient môtez ſur
beaulx hobins fuiſant faulx ꝗ pannades/ꝗ eſtoient en nôbre trẽte
ſix tous veſtuz en iaquettes faictes a la grãt gorre de veloup cra
moiſy rouge a grans dẽdes de drap doz Duquel nombre eſtoient
les enfans des bourgois de ladicte ville
❡ Item apres marchoient meſſeigneurs de la court de parlement
leſquelz auoient trois huyſſiers qui marchoient deuãt eulx eſtãs
veſtuz de ſcarlate rouge ꝗ ayans barrettes de veloup noir a tout
vng cercle de drap doz a lentour:ꝗ les ſuiuopẽt les conſeilliers de
ladicte court veſtuz en eſcarlate rouge. En apꝫ leſqꝫlz marchoiẽt
les aduocatz ꝗ procureurs de ladicte court

❡ Tous leſquelz en leſtat que deſſus ſe preſenterent deuãt le roy
ꝗ apres quilz furẽt preſentes rentrerent dedãs ladicte ville en tel
ordre: ſauf qͤ enuirõ vne trantaine des enfans des bourgeois leſ
quelz faiſoient houlſtes ꝗ faulx ꝗ eſtoient en vne bende deux ꝗ
deux a part ſur leurſdietz hobins

℃ Item des gens de nostre sire le roy et des premiers qui entreret
dedans: fut monseigneur le grant admiral de france seigneur de
granuille: lequel estoit vestu en velours noir a vng collier de lordre et
son col acompaigne de .iiii. paiges vestuz en velours noir semblablement

℃ Item en apres marchoiet ses paiges du roy montez sur grans cou
siers iusques au nombre de douze: a le premier estoit monte sur le
bon moreau nomme sauoye: faisant saulx et pannades .lesquelz
enfans estoiet habillez de scarlatte rouge bendre de velours iaune.

℃ Item apres suyuant iceulx marchoit vne grant compaignie de
grans seigneurs a gens du roy: en laquelle estoient monseigneur
le preuost de paris: monseigneur le bailly de gisore et le cheualier
blanc auecques plusieurs grans seigneurs de nom

℃ Item apres marchoiet la garde des suysses tous a semble deuat
la garde du corps du roy a deuant eulx deux tabours a plusieurs
ioueurs de fleustes selon leur mode

℃ Item en apres marchoient monseigneur le grant senechal mo
seigneur le grant escuyer de france lequel estoit monte sur vng
courcier couuert de velours noir seme de fleurs de lys dor: mon
seigneur de la rohde monseigneur de normauille a monseigneur
le petit bailly picard auec deux autres grans seigneurs d no vestu
en habit comme dit est a mondit seigneur le grant seneschal ayat
vng beau collier a coquilles dore esmaille a tous montez sur leurs
coursaulx a hobins faisant voulstes a saulx deuant le roy

℃ Item a apres les ditz seigneurs marchoit deuant la personne du
roy a estoit a pied monseigneur le cappitaine de la garde du corps
diceluy seigneur a ses archiers a pie de coste a dautre Ledit cappi
taine en habit dung hocqueton tout a papillotes dorees a argentee
a en champ vng grant porc a pic a vne grant couronne esleuee se
gectant hors dudit hocqueton: le tout a papillotes dor

℃ Item le roy en ordre q dessus estat au milieu de sa seigneurie ma
a la iusques a lentree de la porte du pont du coste deuers salct seuc
auquel lieu iceluy siegneur fut receu honnorablement par quatt
des grans de la dicte ville dont monseigneur le maistre de la mo
noye en estoit vng a lequel tenoit a portoit vng des bastons du po
le lequel fut mys sur la persone du roy qui estoit vestu dune robe

Lentree de la royne a rouen

E mardy troisiesme iour doctobre mil cinq ce̅
e̅ huit ma dame Anne royne de france fist son e̅t
en la Uille e cite de rouen en gra̅t triumphe e
tablement acompaignee tant de ducz: contes et
roueque de dames damoiselles Et est assauoir
les seigneurs de ladicte Uille marcherent en se̅
blables habiz dont ilz estoient Uestuz a lozs q̅ le roy y fist son en̅
sans mutacion aucune desditz habitz: laquelle ledit seigneur y s
se. vp Uiii. iour de septe̅bre audit an̅ Et sortire̅t les de ssus ditz a
cha̅ps en moult bel ordre iusques a saincte Katherine de gras m̅
ou ilz receurent ladicte dame bien et honorablement

C Et premierement quant ladicte dame entra en ladicte Uille e
deuant delle marchoient iiii seigneurs de la court de parlement̅
ladicte Uille Ite̅ apres marchoit le preuost de lostel e les archi̅
de sa compaignie faisant serrer le monde

C Ite̅ apres marchoie̅t les enfa̅s de ladicte Uille habillez en̅ leu̅
iaquelles de satin Uermeil a bendes de drap doz faisant panna̅de
petis sauly

C Item apres en grant triumphe marchoit Une amba̅ssade de Ue̅
ni le moult bien acoustrez faisant honneur a ladicte dame

C Ite̅ apres ladicte amba̅ssade deuy e deuy en ordre marchoie̅t le
en fans dhonneur de la royne iusques au nombre de Uingt monte̅
sur les grans cheuauly descuprie Et deuant estoit monseign̅
de normanuille monte sur le bo̅ cheual Sauoie: lequel estoit c̅
uer dune housse semee de fleurs de lis doz Et estoient le sditz enfa̅
Uestus de Uelouy noir a bendes de Uelouy cramoysi.

C Item apres marchoient en gra̅t honneur les gentilz homm̅
du roy et de ladicte royne en grant pompe et triumphe̅/e par e spe
al me ssire galtiace grant escuier de france deuant le squelz y auo̅
grant force de trompetes et clarons/et estoit ledit galtiace Uestu̅
satin broche e donblee de Uelouy auec quatre laquetz Uestuz en̅
tin lanne faisant gambades. En laquelle compaignie estoit mo̅
seigneur le grant maistre: monseigneur le preu.si de paris mon̅
gneur de laual: monseigneur le mareschal de guie monseign̅
de Bron: monseigneur de mont Bouen monseigneur de la sade m̅

gneure de meteſſe auec pluſieurs autres grãs ſeigneurs de nõ
ſi triumphoient a merueilles et entre autres le chualier blanc eſ
toit de dames blãc et ſon cheual couuert ⁊ ſiſ laquetz veſtuz tous
amas blanc⁊ chauſſes mi parties gris et blanc : monſeigneur le
nnoſt eſtant veſtu dune robbe de velous noir

⁣Item marchoient en grant braguerie danſant et triumphãt la
arde des ſouiſſis habiſttes en habitz ſatin iaune ⁊ rouge en faiſãt
uſe et gambades en bendes deux et deux leſquelles choſes il fai
it beau veoir apant tabours ⁊ ffeutes dont faiſoiẽt ioyeulx ſõs

⁣Item apres marchoient monſeigneur dangouleſme apant vne
oß: de velous noir fouree de marlres ⁊ auoit quatre laquetz ve=
ſzen velous cramoueſy et chauſes iaunes
⁣Itẽ apres marchoit monſeigneur le duc balẽ ſon veſtu en drap
oz en marchant en moult bel ordonnance quatre laquetz veſtus
oiſie ſatin cramoiſy ⁊ moitie drap doz faiſãt grãs ſaulp ⁊gãbades

⁣Item apres monſeigneur de bourbon en habit de ſatin tãne bro
ße a tout quatre laquetz en habit de ſatin bleu chauſſes rouge et
auſne,
⁣Item monſeigneur de vendoſme veſtu en velouy noir fourre
e genettes
⁣Item apres marchoit monſeigneur de fouez en habit de drap doz
⁣Item apres le duc de callabre veſtu en velouy tanne de vuoia=
uette de drap doz.
⁣Apres leſquetz marchoit la royne veſtue en velous cramoiſy
ourree de genetles et deſſoubz a cotte ſimple de drap doz montee
us vne hacquenee bayarde couuerte harnoys et tout de drap doz ⁊
franges blanches et noires / et fut receue ladicte dame en ladicte
ville en la maniere ⁊ deſſus et a lentrer fut couuerte du poiſſe dõt
e roy auoit eſie couuerte a ſon entree et a chaſcun coſte auoit deup
entilz hommes veſtus de camelot tanne,
⁣Itẽ en apres laquelle marchoit treſreuerend pere en dieu mõſei
neur le legat archeueſque de ladicte ville / monſeigneur le cardi
al du mans monſeigneur leueſque de paris et grant nombze dar=
heueſques et eueſques et pluſieurs autres pzelatz.

                                                    A.ii.

℃ Item en apres marchoit la garde du roy nostre sire en belle o
donnance

℃ Item en apres marchoit madame la duchesse dalenson mon
sus vne hacquenee blanche vestue en vne robe de drap dor a s
grans colliers et grosses chaines dor conduiste par deux archi
de la garde

℃ Item madame la marquise semblablement vestue en drap d
montee sus hacquenee blanche et conduiste par deux archiers

℃ Item en apres marchoit ma dame de dunois montee sus hacq
nee blanche et vestue en drap dor toutes lesquelles dames auoie
leurs hacquenees conuertes de drap dor

℃ Item apres marchoit / lune apres lautre iusques au nombre
vingt cinq dames et filles dhonneur vestues de satin tane broch
fourrees de lenettes / martres et autres fourreures de grant pri

℃ Item apres auoit cinq chariotz tous couuers de draps dor pl
de dames et estoient vestues les vnes de velours cramoisy et v
loup noir

℃ Et apres auoit cinq litieres esquelles auoit plusieurs gra
dames et damoiselles et en la pmiere estoit ma dame de neuers sa
que en deux nauoit riens dedans et aucun grant nombre darchie
le squelles litieres estoient conuertes de velours noir

℃ Et en apres estoit le train de ladicte dame apres laquelle en
maniere qui dit est alla iusques en leglise nostre dame de: Rou
auquel lieu elle rendit graces a dieu et a sa glorieuse mere

Finis.

L'ENTRÉE ROYALE

ET MAGNIFIQUE

Du Très Chrestien ROY DE FRANCE LOUIS XIIe de
ce nom en sa bonne Ville et Cité de ROUEN,
et honorable reception d'icelluy faicte
audict lieu le jeudy xxviiie jour
de septembre, l'an de grace
mil cinq centz
et huict.

Les cytoyens de la dicte ville de Rouen, desirans de
tout leur cœur la venue et entree de leur naturel et souverain seigneur, luy faire et rendre le service et honneur
hon telz qu'ilz sont tenuz mais celuy qu'ilz peuvent,
allerent au devant d'yceluy seigneur en toute humilité et
en tel ordre que aprez sera declaré.

Et est assçavoir que le Roy nostre dict seigneur avoit
couché la nuict precedente au chasteau du Pont de
L'Arche, distant de quatre lieues de Rouen, et estoit
venu disner au prieuré de Grand Mont, jouxte les faux-
bourgs de ladicte ville, duquel prieuré se partit environ
midy chevauchant vers icelle ville.

De laquelle ville de Rouen yssirent premierement et
allerent au devant d'icelluy seigneur les quatre religions

des mendians en grand nombre et chacune par ordre. Et aprez les prieur et couvent de Sainct Lo et de la Magda- lene, les colleges et prestres seculiers des trente trois paroisses de ladicte cité avec les croix et banyeres bien honorablement, et tous lesquelz se tirerent au lieu ou estoit icelluy seigneur estant pour lors en une belle prayrie prez ledict monastere de Grand Mont.

Aprez marchoit Monsieur le Grand Seneschal de Nor- mandye, chevallier de l'Ordre, monté sur ung beau cour- cier qui n'estoit pas de petit prix, accompaigné de plu- sieurs barons et chevaliers dudict lieu et d'environ. Icelluy sieur Seneschal conduysoit et menoit les enfans d'honneur de ladicte ville, qui pouvoient bien estre jus- ques au nombre d'environ cinquante a soixante, montez sur courciers et chevaulx de prix, tous enharnachez de veloux cramoisy a grandes franges d'or, et la pluspart d'iceulx ayans caparensons et housses de satin cramoisy et drap d'or.

L'habillement d'iceux Seneschal, barons, chevalliers et enfans d'honneur estoyt de satin cramoisi rouge a grandes bendes de drap d'or, autant de drap d'or que satin, a la devise du Roy, chacung ayant tocque de velours en la teste et deux laquestz de livree auprez de luy.

Au regard de leur ordre et contenance, elle estoit tant

joyeuse et triomphante et d'esprit si grandement desliberé que chose impossible seroit de leurs gestes rediger
par escript; leurs chevaulx n'arrestoyent pied sur terre,
ilz sautoient et bondissoient si hault que difficile seroit a
croirre a celuy qui pas ne l'a veu; et oncques ne fut
chose pareille veüe pour entree de Roy ne de prince. En
tel triomphe iceux enfans furent presentez au Roy par
mondict sieur le Seneschal. Et les veid et receut ledict
seigneur moult volontiers et joyeusement et entr'aultres
choses luy furent tres agreables, et lors icelluy Seneschal,
cappitayne de ladicte ville, luy presenta les clefz d'icelle
en toute humilité.

Aprez marchoit Monsieur le Vicomte de Rouen, bien
gorgiasement accoustré, et lequel menoit les cinquante
arbalestriers ordinaires de ladicte ville, ayans hocquetons
argentez et dorez, portans l'aigneau qui sont les armes
d'icelle ville, chacung ung pourpoinct de velours tanné
et chappeaux jaulnes bendez de soye rouge avec grands
plumeaux et habillementz de guerre, telz qu'il convenoit
a leur estat, tous montez sur bons chevaux et en bel
ordre.

Aprez marchoient les trente six sergens royaux de
ladicte cité, conduicts par les Lieutenans dudict sieur
Viconte. Iceux lieutenans vestuz d'escarlatte et lesdicts

sergentz de robbes de couleur blanche, faictes en forme de palvoisines a grandes bendes de velours noir, ayans chapeaux d'escarlatte bendez de soye, avec grandz plumaux par dessus, lesquelz estoient tous bien montez et les faisoit bon voir.

Puis aprez marchoient les vingt quatre courtiers de vin, vestuz de palvoysines de couleur bleue bendees de satin noir, et chappeaux bendez de soye, tous de livree.

Aprez marchoient les quarante courtiers et aulneurs de draps de ladicte ville, vestus de seons de damas gris bendez de velours et autres habillemens de semblable couleur et devise.

Aprez marchoyent autres officiers, et ce jusques au nombre de trente, vestuz de camelot et chappeaux de livree, montez sur bons chevaux gorgiasement esquipez et enharnachez.

Aprez estoyent plusieurs aultres compaignyes de gentz ayans office, soubz le Roy nostre sire, en ladicte ville, et portoit chacune compaignye livree differente de drap et de soye, richement accoustrez selon leur qualité, qui seroit chose longue a reciter qui voudroit de chacune escripre particulierement et par le menu.

Aprez marchoient les officiers et monnoyers de ladicte ville jusques au nombre de quarante, vestus de robbes

grandes et longues de satin tenné, etc., desquelz monnoyers en avoit deux portans seons de satin de semblable
couleur, tous couvertz d'escus et monnoye d'argent, et
lesquelz semblablement aprez les autres se presenterent
devers ledict seigneur.

En aprez et consecutivement, alloyent vers ycelluy
seigneur les conseillers, procureurs, quarteniers, pen-
sionnaires et autres officiers de ladicte ville, et ensemble
grand nombre des bourgeoys, manans et habitans d'icelle,
jusques au nombre de deux cents et plus, menez et conduictz par Monsieur le Lieutenant general de Monseigneur le Bailly de ladicte ville, accompagné des advocat
et procureur du Roy au bailliage, iceux lieutenant,
advocat, procureur, conseillers et quarteniers, vestuz de
longues robbes de satin cramoisy violant, fourrees de
diverses et riches pelletteryes, et tous les autres de fins
draps d'escarlatte brune; et avoyent paiges et laquestz
vestuz de draps de soye et autres draps mout honneste-
ment et richement, chacung selon sa devise et livree et
qualité.

Apres estoyent Messieurs les Generaux, president,
conseillers, procureur et advocat du Roy et le greffier, sur
le faict de la justice des aydes en Normandye, en bon
ordre, et tous vestuz d'escarlatte, lesquelz conduysoit

Monseigneur le general de Normandye, accompagné des autres generaux de France, et avec eux estoyent les advocatz et procureurs communs de ladicte court et jurisdiction, vestus de robbes d'escarlatte brune et aultres robbes honnestes, mesmes y estoient les Elleuz d'icelle ville, le grenetier, et aultres Elleuz, grenetiers et controulleurs dudict pays, vestus de robbes de damas tenné richement fourrées.

Derraynement marchoyent en bel ordre et grande gravité messeigneurs les trois presidents et conseillers de la Court souveraine dudict pays, deux et deux, tous vestuz d'escarlatte, iceux presidents ayants manteaux richement fourrez et chappeaux noirs bordez d'or, qu'on appelle mortiers, devant lesquelz estoyent les huissiers et greffiers de ladicte Court semblablement veztuz d'escarlatte. Et, aprez iceux presidentz et conseillers, estoyent tous les postulans et praticiens, tant advocatz que procureurs d'icelle Court, iceux advocats tous vestuz d'escarlatte brune, chacun ayant son chapperon fourré, et les procureurs vestuz d'autres bonnes robbes, qui estoit chose belle et singuliere a veoir.

Touttes lesquelles compaignyes se presenterent successivement et par ordre devant le Roy, en ladicte prarye; et furent devant luy faicts trois propos, principallement,

l'ung par Monsieur le Lieutenant general de Monsei-
seigneur le Bailly de Rouen pour les bourgeois et com-
munité de ladicte ville, l'autre par Monsieur le President
des Generaulx, et le tiers par Monseigneur le Premier
President de ladicte Court souverayne; et le tout en si
bonne et brefve elegance que le Roy en fut très content,
en recevant tous lesdicts proposans et leurs compaignies
benignement.

Ce faict, se retirerent en icelle ville toutes lesdictes
compaignyes en tel ordre qu'elles estoyent yssues, et
incontinent marcha le Roy, nostre souverain seigneur,
vers la ville, d'une très joyeuse et bonne contenance et
telle qu'il sembloit bien que volontiers il voyoit son
humble peuple de sa dicte ville.

Premierement, de la part d'icelluy seigneur, marchoient a pié les suisses, cinq et cinq, en bon ordre, la
hallebarde sur l'espaule, entre lesquelz sonnoyent gros
tabours et flustes, qui estoit chose plaisante a veoir et a
oyr.

Aprez estoyent les haux boys sonnans melodieusement;

Aprez, les trompettes et banieres ou enseignes des-
ployees;

Aprez estoyent les roys et heraux d'armes, vestuz
de leurs cottes d'armes. Aprez marchoit Monsieur le

Grand Escuyer, monté sur ung courcier bayart appelé
en tel cas le cheval d'honneur, couvert d'une flassarde de
veloux bleu semé de fleurs de lys d'or ; ayant iceluy sieur
escuyer l'espee royalle ceinte, toute semee aussy de fleurs
de lys, lequel conduysoit les paiges ou enfans d'honneur,
montez sur autres grands coursiers dudict seigneur, tous
bien richement accoustrez et enharnachez.

Aprez marchoit le Roy nostre sire, monté sur ung
cheval bayard richement enharnaché de drap d'or et
veloux bleu cramoysy. Icelluy seigneur magnifiquement
accoustré et vestu estoit, assçavoir, d'une robbe de drap
d'or de grande richesse, ayant son collier de l'ordre, et
en toutes aultres choses aussy ainsy triomphamment
accoustré que a ung tel seigneur appartient, et estoyt
joyeux autant et plus que on eust peu desirer. Auprez de
luy marchoient a pied les vingt quatre archers de la garde
du corps, avec leur cappitayne, messire Jehan Stuard,
par semblable aussy a pié.

Aprez marchoit Monseigneur le Legat, et auprez de
luy Monseigneur (1) si gorgiasement accoustré que c'estoit grand plaisir a le veoir, monté sur ung bon destrier
richement enharnaché.

Aprez estoyent Messeigneurs les ducs d'Allençon, de

(1) Sic.

Bourbon, de Nemours et de Calabre, les comtes de Vendosme, de Nevers et de Sainct Paol et le marquis de
Rothelin, entre lesquelz estoyent Messeigneurs le Cardinal de Prye, le Cardinal. d'Alby, l'Archevesque de
Sens, les Evesques de Paris, de Tournay, d'Avranches,
de Vavres (1), d'Angoulesme, de Beauvais et de
Ryeux, les abbez de Sainct-Denys, du Bec, de Sainct
Vuandrille, de Sainct George, de Bonport, de Sainct
Germer, de Beaubec, de Saincte Catherine, et plusieurs
autres tant princes que prelats ecclesiastiquez, tous sy
richement accoustrez que de long temps ne fut chose
veuë si triomphante, et en sy grand nombre que ainsy
comme impossible seroit les rediger par escript.

Aprez estoyent les Ambassadeurs d'Espaigne, de
Venise, du marquis de Mantoue, de Ferrare, de Guel-
dres, de Savoye et de Florence.

Aprez marchoyent les quatre cents archers de la garde,
avec leurs estendartz desployez, chacun ayant arc et
trousse avec la salade en teste, tous bien montez, qui
tenoyent si bon ordre et contenance que tous ceux qui les
voyoient n'en faisoyent pas peu d'estime.

Quand le Roy approcha de ladicte ville, fut ouverte
une establye ou theatre, lequel estoit assiz a l'entree du

(1) Vabres.

pont hors d'icelle ville, et estoit ladicte establye ou theatre nommé le Mont Parnasus. Elle estoit aornee et enrichie de clercs voyes, fleurs de lys et ermines bien dorées. Dedans icelle establye estoit une montaigne haut eslevee, au couppeau de laquelle estoit assis ung escu de France, porté de deux porcs espics bien faicts, et de costé d'icelluy escu estoit assis, en une chaire couverte de drap d'or, le dieu Apollo dict dieu de Sappience, vestu de damas blanc, ayant son arc et sa trousse prez de luy, et tenant sa harpe de laquelle il jouoyt melodieusement, et incitoit ses neuf muses, deesses de science, a danser et elles esjouir a la venue du Roy très chrestien, qui venoit veoir leur dict mont de Parnasus.

Aussy les incitoit et leur prioyt d'offrir service et don audict seigneur, chacune selon son office ou interpretation de son nom, ainsi comme clairement on pouvoit entendre ce par escripteaux en latin et en françois, attachez en l'embaissement de ladicte establye en telz termes :

APOLLO

Cesar adest, nostrum properat qui visere montem,
Plaudite Pierides, plaudite, Cesar adest.
Numina si qua dedi, jam fas est tendere nervos,
Officium prestet docta caterva suum.
Resveillez vous, Muses de Sappience,

Pour presenter selon vostre science,
Joyeusement et en plaisant arroy,
Chacune ung don au très chrestien Roy.

Aprez, au myllieu d'icelle montagne, plus bas que le siege d'Appollo, estoit planté ung laurier, arbre dedié a Appollo, aux Muses et a ceux qui sont triomphans; environ ce laurier estoient neuf belles filles par excellence, qui representoient lesdictes neuf Muses, vestues de damas de diverses coulleurs, chacune differentement habillees, l'une en forme de Sybille, l'autre a la mode ytalique, et les aultres en aultre maniere, mais toutes si gorgiasement qu'il n'estoit riens plus plaisant a l'œil. Aussi elles estoyent ornees de chaines d'or, de bagues et pierres precieuses moult richement, ayant chacune ung chappeau de laurier sur la teste, et en leurs mains instruments proppres jouxte leur office ou interpretation de leur nom, comme Clio, qui descript les gestes des princes, tenoit une escriptoire toute couverte de fleurs de lys et du pappier en sa main; Urania, une sphere contenant les cercles du ciel; Erato, laquelle a trouvé geometrye, une esquierre et ung compas; Melpomene, ung instrument musical tortu et mal sonnant; et les aultres tenoyent instruments de musique qui myeux leur convenoient jouxte leur office. En telle maniere dansoyent de bonne

Contraste insuffisant

NF Z 43-120-14

12

contenance environ ledict laurier, au son de la harpe de
Apollo, et de fois a aultre gettoyent fleurs, en grand
habondance sur les gentishommes et seigneurs, tant par
honneur que pour signiffier que les fleurs de science sont
en elles.

Quand le Roy fut prez de ladicte establye, lesdictes
neuf Muses s'inclinerent a genoux par trois foys devant
luy, en levant hault leurs instrumentz, en quoy demons-
troyent par signe que chacune, selon sa qualité, luy offroit
don et service, excepté Melpomene, laquelle a trouvé la
description des tragedies, dont la fin est tousjours triste,
et, pour ce qu'en icelluy seigneur n'estoit matiere de
tristesse, elle se depporta de riens dire de luy; comme le
tout estoit assez evidentement declaré par mettres, en
latin et en françois, escriptz en l'embaissement de ladicte
establye, comme il ensuit :

CLIO

Salve, tespiadum princeps venerande sororum,
Accipe Castalii munera grata chori ;
Docta ego veriloquos annales scribere chartis,
Historiam texens, nunc tua gesta cano.

Prince d'excellente valuë,
De tout mon cœur je te saluë,
Offrant escripre les histoires
Et les haultx gestes meritoires.

EUTERPE

Ante leves flatu calamos implere solebam,
Nunc placet altisona te resonare tuba.

J'ay prins la trompe reçonante
Pour estre a tes los consonante.

THALIA

Floruit aucta tibi magna virtute juventa,
Me duce letitiam nulla senecta premet.

Je t'ay donné verdissante jeunesse,
Et te promets florissante vieillesse.

TERPSICHORE

Te lyra nostra pium modulamine Regem
Personat, et nullum relligione parem.

Puis qu'Apollo nous veut auctoriser,
Pour tes vertus je doibs cithariser.

POLYMNIA

Postera liligerum celebrabunt secula nomen,
Perpetua faciam te memorare chely (1).

Tes dignités souvent je rememoire,
Pour en avoir eternelle memoire.

ERATO

Nos aliis certo signamus limite terras,
Tu quecumque voles accipe, regna dabo.

(1) De chelys, tortue, par extension écaille, et enfin lyre.

Aux aultres roys les terres je mesure,
Mais tu en as et auras sans mesure.

URANIA

Pulchra favet Diana tibi, favet altus Apollo,
Juppiter et Mavors, astraque cuncta favent.

Le Ciel, le Soleil et la Lune
Te promettent bonne fortune.

CALLIOPE

Ipsa cothurnali cantabo Musa Maronis
Ducta sub imperium colla superba tuum.
Je descriray de tes fiers ennemys
Tous les efforts a ton pouvoir submis.

MELPOMENE

Tristia cantarem, sed cum tua fata revoluo
Nil in te est mesti, ludimus ergo nihil.
Puis qu'en toy n'est matiere de tristesse,
C'est bien raison que triste chant je cesse.

Aprez marcha le Roy au long du pont de ladicte ville, et incontinent les bannyeres et estandarts du navire, qui pour lors estoit en la riviere de Seyne prez dudict pont, furent desployez au vent. Et y avoit bien de cinquante a soixante grands navires tous a hune, et d'aultres assez en plus grand nombre qui n'avoyent point de hune.

En icelles hunes estoyent gros tambours qui sonnoyent

sy haultement qu'il n'y avoit cœur qui ne fust incité a joye, tant a raison de la grand multitude d'iceux tambours que de l'harmonie et resonance qui procedoit à cause du retentissement de l'eaue.

Semblablement en icelles hunes, appareils et cordaiges estoient petis pages de navires, qui faisoyent tant de menuz sauts, souplaisses de corps et petites autres joyeusetez, que ce estoit plaisant au Roy et aux seigneurs.

Durant le temps que le Roy marchoit sur ycelluy pont, toute l'artillerye d'iceux navires grands et petis fut deschargee toute ensemble, qui estoit chose de grand bruit et admiration, et par plusieurs fois fut rechargee et deschargee ; mesme grande partye de l'artillerie de ladicte ville avoit esté menee sur le tallut de ladicte riviere, qui par semblable fut tiree alors, et estoit chose si impetueuse qu'il sembloit que tout deust fondre.

Aultres plusieurs joyeusetez se firent en ladicte riviere, comme lances de feu et fisees qui volloyent par l'air, et choses semblables qui longues seroient a reciter.

D'aultre part estoyent les trompettes qui sonnoyent si haultement que merveilles. Aussy les enfans qui tous cryoyent a haulte voix, vive le Roy, tellement qu'il n'estoit si dur cœur qui ne pleurast de joye. Lequel cry ne fut pas oublyé par toute la ville, mais souventes fois et ainsi comme continuellement reiteré. Adonq pouvoit on veoir chevaux saillir en l'air, de si grand couraige que c'estoit chose merveilleuse.

Aprez entra le Roy dedans ladicte ville, et luy fut presenté et levé sur luy ung riche poisle de drap d'or moult precieux, que portoient quatre des conseillers d'ycelle ville, vestuz de satin cramoisy viollet.

A l'entree d'icelle ville fut ouverte une aultre establye, plus richement ornee que la premiere : d'ung costé d'icelle estoit une forest en laquelle estoit escript *France*, de l'autre costé ung rocher, auquel estoit escript *Itallye*, d'iceluy rocher yssoit ung monstre horrible, en forme de dragon portant trois testes. Lequel monstre estoit faict par grand subtilité et mouvoit chacune des testes, les yeux, la langue, les ailes et la queue, et generalement tout en telle maniere que se il eust esté vif. L'une d'ycelles testes estoit en forme de serpent, laquelle representoit Milan, l'autre estoit en forme d'une beste fiere et orgueilleuse, par laquelle estoit signifié Genes la superbe; la tierce avoit la forme d'un aigle, par laquelle estoit entendu le Roy des Romains. D'aultre part de ladicte forest yssoit, contre ycelluy monstre, ung porc espy qui n'estoit pas composé de moindre esprit et artiffice que ledict monstre. Icelluy porc, avecques cœur et fierté, marchoit contre ledict monstre et le monstre contre luy, se combattans longuement ensemble. Le monstre se deffendoit de ses horribles pattes, en mouvant ailles et testes a grand puissance et jettant feu. Le porc espi, tout au contraire, poursuyvoit ledict monstre de la dent et de ses espics, en jettant iceux contre ledict monstre, par sy grand vertu que finallement il fut victorieux d'icelluy.

Or on peult, a l'imagination de cest escripvant (1), entendre facilement que par le porc espi estoit entendu et figuré le très victorieux Roy de France, lequel auroit debellé et vaincu le monstre portant trois chefs. C'estoyent ses trois ennemys devant nommez. Aultrement aussy peult on entendre que par les trois chefs sont signiffiés tous ses adversaires (pour ce que le nombre de trois represente le tout), sur lesquels triumphe le Roy très chrestien. Et en l'embaissement d'icelle establye estoit escript, en latin et en françois, ce qui s'ensuit :

Dum spicatus aper frendens concurrit in hostem,
Insubris arma cadunt, tuque superbe Ligur.
Tum cupiens aquila ad celos attollere pennas,
Spicula sensit apri protinus ima petens.

Le porc espy magnanime et puissant
Ha subjugué le monstre merveilleux,

(1) *Sic.*

En triumphant dessus les orgueilleux,
Sus le serpent et l'aigle ravissant.

Aprez marcha oultre le Roy dedens ladicte ville, laquelle estoit toute tendue eu ciel de coulleurs rouges et jaunes, depuis le pont jusques en la maison Monseigneur le Legat, par les veoys et rues que le Roy debvoit tenir.

Aussi sur ledict chemin estoient toutes les maisons tendues de tapis de Turquye et aultre riche tapisserye, qui estoit chose bien singulliere et plaisante a veoir.

Quand le Roy approcha de l'esglise Nostre Dame, fut ouverte une grand establye ou theatre plus sumptueusement accoustree que les deux premieres. Le boys d'icelle establye estoit revestu par dehors bien propprement de grandes lettres d'or L et A, couronnees, et les armaries de Rouen et de Normandye, entremeslees avec lesdictes lettres. Par dessus celles armaries, tout au couppeau de ladicte establye, estoyent eslevees bien apparentement et honorablement les armaryes de France. Dedens icelle establye estoit haut erigee une montaigne, en façon de rocher, sur laquelle estoit planté a dextre ung beau lys couronné; du pied et racyne d'iceluy lys sortissoit une eaue clere et belle, laquelle fluoit et descendoit dedens un parc et illec estoit receuë dedens ung bassin ou cuve, comme de marbre, en forme de vaisseau d'une fontayne, sur laquelle estoit assise en une chaire une fille belle par excellence, vestue de drap d'or, une couronne en sa teste, aornee moult richement de chaynes d'or et de pierres precieuses, tenant en sa main senestre une ballence et en la dextre une espee toutte nuë. L'eau sortissoit d'icelle cuve ou fontayne par sept tuyaux et cheoit icelle eaue dedens ung aultre vaisseau plus bas que ladicte cuve et de là s'espandoyt ladicte eaue par tout ledict parc. Au devant d'icelle fontayne, en ung pastis ou prarye, estoit un agneau faict par si grand artiffice que chacun estimoit qu'il feust vif, tant estoit de bonne contenance et mouvoit la teste, les yeux, les jambes, oreilles, corps et generallement tous ses membres, et de faict il ne manquait en luy que le bec pour le faire vif. Icelluy agneau alloit et venoit par ces prairyes, il paissoit et puis levoit hault la teste en regardant les gens.

Quand le Roy fut prez d'icelle establye, ledict aigneau marcha gentement vers ladicte fontayne, et en levant les deux pattes de devant prenoit eaue en icelle fontaine, et incontinent se retourna vers le Roy nostre sire, en soy agenouillant et inclinant la teste devers luy, comme sy par signe l'eust voullu remercier de l'eaue d'ycelle fontayne, laquelle il trouvoit si douce et si bonne que tous ses membres en sont reconfortez.

Aux deux costez d'icelle fontayne estoient deux leopardz, lesquelz n'estoient pas moins bien faicts que ledict aigneau ; iceux liepardz marchoyent et s'esbattoyent autour de ceste fontayne et beuvoient tout ainsi que feroient bestes vives, et aprez, comme l'aigneau, s'inclinoient devers le Roy, ce qui estoit chose merveilleusement plaisante a l'œil, trop plus qu'on ne sçauroit escripre.

La figure et signiffication d'icelle establie est de facile aprehension. Par le rocher hault eslevé et le lys dessus est entendu le Roy tres chrestien, qui sur tous les aultres Roys est eslevé par les vertus qui sont en luy ; l'eaue sortissant de icelluy rocher est l'eaue de justice ; le parc auquel elle flue et descend est Normandye ; la cuve ou le lieu par laquelle ceste eaue est distribuee est la Court souverayne dudict pays, que icelluy seigneur, de sa grace et bonté, a donnee ; les tuyaux et conduictz sont les bailliages ou païs subjectz soubz la jurisdiction de la dicte Court. L'Aigneau represente la ville de Rouen, et les leopardz toute Normandye, lesquelz donnent graces au Roy de la bonne justice qu'il leur a donnee et administree. L'aigneau offrant son corps, sa layne, son cœur bening et ses patis, et les leopards, humilité, comme le tout se pouvoit facillement entendre par mettres, en latin et en françois, qui estoient escripts en l'embaissement de la susdicte establye et dont la teneur ensuit :

DE MONTE LILIGERO

Regius hic mons est quem Juppiter equat Olympo,
  Hinc scatet astree vivida fontis aqua,
Viseret ut terras quas olim Astrea reliquit :
  Hujus erat tanti vertice montis opus.

JUSTICIA

Normannos inter sedeo Regina triumphans,
  Tanta leopardi non fuit ante solo.
Agne, tibi tantos decernunt fontis honores
  Lilia, fer Regi munera digna tuo.

AGNUS

Haurio nectareos justo de fonte liquores,
  Languida qui reparant ubere membra suo ;
Ergo lanigerum corpus mentemque benignam,
  Pascua leta, tibi, magne Licurge, fero.

   Du lys assis sur hault rocher
   Sourd de justice la fontayne ;
   Les Leopards le cours ayment cher,
   Et l'Aigneau en treuve l'eau sayne ;
   Tous les pastis de ce demayne
   Sont pleins de sa suavité,
   Dont l'Aigneau offre corps et layne,
   Et les Liepardz humilité.

E

Le Roy marcha oultre jusques au lieu qu'on dict la Croche, et [en] icelle fut ouverte aultre establye, qui n'estoit pas moins aornee et enrichye que les autres. Elle se nommoit le *Monde*, ce qu'on pouvoit clairement entendre, car quand elle estoit close elle estoit toute ronde et voyoit on les nuës et les estoilles. Dedans icelle establye, ou monde, estoit la terre divisee en trois partyes, c'est assçavoir Asie, Affrique et Europe. Au mylieu d'icelle terre on voyoit une femme belle et grande a merveilles, appelee *Renommee*, ayant ailles et une robbe de soye toute semee de fleurs de lys, qui signiffioit que c'estoyt la renommee du Roy de France. Elle estoit accompaignee de deux belles filles par excellence, richement accoustrees, l'une ayant aulcunes pieces d'armures sur elle et tenant ung dragon par la teste, laquelle estoit appellee *Force*, et l'aultre de simple contenance, bien richement abillee mais simplement, tenant ung cribre en sa main, laquelle se nommoit *Prudence*. Icelle Renommee tenoit entre ses mains une couronne de France toute semee de ceste lettre L, et en mouvant ses ailles bien gentement volloit et portoit icelle couronne par tout le Monde, et tousjours estoit accompagnee des dictes dames Force et Prudence. Et en la fin, par engins subtillement praticquez, s'eslevoit en l'air et volloit jusques au ciel, en eslevant ladicte couronne jusqu'aux estoilles, lesquelles choses estoyent a tous ceux qui les voyoient moult plaisantes et agréables. En l'embaissement dudict Monde estoient escripts, en latin et françois, les méttres ou vers qui ensuyvent :

Inclita fama volans, magnis comitata triumphis,
  Nomen ad astra fero, Rex Lodoice, tuum.

  Tu veois, par la grand providence
  De dame Force et de Prudence,
  Ta couronne par tout nommee
  Toucher les ci x par Renommee.

Aprez marcha le Roy vers ledict monastere de Sainct Ouen, et illecq trouva reverend Pére en Dieu Monseigneur l'abbé de Fescamp, lequel estoit richement aorné de mittre, croce et aultres aornements a sa dignité appartenans, et estoit accompagné de tous les relligieux d'icelluy monastere, vestuz de chappes et ornemens d'eglise moult beaux et riches.

Icelluy sieur Abbé, ainsy comme il sçavoit bien faire, salua le Roy en toute honnesteté. Auprez d'icelluy monastere, jouxte l'eglise Saincte Croix, estoit eslevee une petite establye bien proprement accoustree, et en icelle estoit une motte de terre, sur laquelle estoyt ung escu my party de France et de Bretaigne soubz une couronne ; de costé

d'icelluy escu ung cerf, d'aultre costé une lycorne, bien
faicts a merveilles, et lesquelles bestes soustenoyent ledict
escu en mouvant leurs testes et les inclynant vers le Roy.
En icelle establye estoyt escript ce que s'ensuyt :

Quand la Lycorne et le grand Cerf
L'armarye tiennent ensemble,
Il n'est ennemy qui ne tremble
Et qu'ilz ne rendent a eux serf.

Le Roy marcha oultre vers le pont de Robec, et la fut
ouverte la derniere establye, autant bien ou myeux ornee
que les aultres, dedens laquelle estoit ung cheval de poil
que vulguairement on appelle rouen, representant la ville
de Rouen. Icelluy cheval estoit faict et pratiqué par grand
artifice et subtilité, car il n'avoit point de bardes soubz
lesquelles on peust praticquer les mouvemens, mais seul-
lement avoit selle et harnois necessaires a l'accoustrement
d'ung cheval. Iceux selle et harnoys estoyent de rouge
satin cramoysy et de drap d'or et belle frenge de soye
rouge et de fin or, qui estoyent les coulleurs du Roy.

D'icelluy cheval approchoyent aucuns personnaiges
estrangers, a luy incogneuz, bien accoustrez, et sem-
bloyent estre d'auctorité, chacun d'eux s'efforçoit d'approcher d'icelluy cheval et monter dessus. Mais luy, de
noble cueur, non voulant soy assubgectir a autre que a

son vray et naturel maistre et seigneur, les mordoit bien
fierement et leur tournoit le derriere, tant et par telle
façon que impossible estoit d'en approcher ne monter
sur luy. Iceux personnaiges et cheval jouoyent et faisoient
telles actions et gestes par plusieurs foys, et tousjours
estoyent rejectez lesdicts personnaiges par icelluy cheval.

Aprez vint ung autre personnaige representant la personne du Roy, bien gorgiasement accoustré, portant sur
luy les fleurs de lys, lequel incontinent qu'il approcha,
ledict cheval cognoissant que c'estoit son maistre commencea a gratter des piedz et a tenir contenance si
joyeuse que c'estoit plaisir de le voir. Et aprez se age-
nouilla a terre, afin que son dict maistre montast sur
luy, ce qu'il fit bien habilement et sans esperons, car
iceluy cheval estoit sy volontaire que, incontinent que
son maistre fut sur luy, il commencea a marcher et sau-
ter et en sy bonne contenance que faict ung cheval de couraige, quand il oyt sonner la trompette et qu'il sent son
maistre desliberé.

Par icelluy cheval, comme dict est, estoyt entendue la
ville de Rouen, laquelle receoit le Roy pour son prince
et souverain seigneur et non aultre. De laquelle ville les
habitans sont sy cordiaux et volontaires vers leur dict
seigneur, qu'il ne les convient point stimuler pour luy

obeyt et faire service. Car en toute obeissance ilz desirent
accomplir ses plaisirs et commandementz.

En l'embaissement d'icelle establye estoyent escripts,
en latin et françois, les mettres qui ensuyvent.

Bucephali similem genuit me Neustria tellus,
Spectas quanta gero pectora, colla, caput.
Excipio gallum gaudenti pectore Regem,
Non alium admittens in mea terga ducem.
Belligerum dominus si quando straverit hostem,
Hunc pede concutiens opprimo, dente neco.

Ton bon Rouen de couraige loyal
Humble se rend soubz toy, prince royal,
Et de bon cœur a te servir se donne
Jusqu'a la mort, sans qu'ailleurs s'abandonne.

Aprez marcha oultre le Roy, tant quil vint dedens
l'eglise de Nostre Dame, metropolitayne de toute la
duché. Laquelle esglise estoit decoree de tapisserye et
ornements de drap d'or et autres, beaux et riches a merveilles. Mesmes estoyent tous les chanoynes et chappe-
lains du college honorable d'icelle esglise revestuz de
chappes de grande richesse et là fut receu icelluy seigneur en grand honneur par très reverend Pere en Dieu
Monseigneur d'Amboise, Legat en France, et par ledict
college. Ainsi qu'il est de coustume et que en tel cas

appartient, fut chanté *Te Deum laudamus*, les cloches et orgues sonnantes melodieusement. Et de là se retira le Roy a l'hostel et palais triumphant dudict seigneur Legat bien joyeux et grandement content du service de ses loyaux subgetz et de l'honneur qu'ils luy avoyent rendu.

Le soir d'iceluy jour fut demenee grand joye par toute la ville, et grandz feux faicts par toutes les rues tant de boys que artificielz.

L'an de grace mille cinq cens et huict,
Dedens Rouen, ainsy qu'on se remembre,
Jour de jeudy, vingt et huict de septembre,
Entra le Roy triomphant en grand bruit.

APPENDICES.

I

[Archives de l'Hôtel-de-Ville de Rouen. — Délibérations, A. 10.]

L'ENTREE DU ROY LOUIS XIIe DE CE NOM.

Le jeudi xxviiie jour de septembre, veille mons. Saint Michel Angre mil cinq cens et huit, partirent de la maison de la ville le lieutenant general de mons. le bailly de Rouen, les advocatz et procureur du Roy notre sire eu bailliage, les six conseilliers, quatre cartenyers et procureur d'icelle ville, vestus de satin viollet cramoysi et lesd. carteniers de satin viollet, et en leur compaignie estoient les officiers de l'ostel commun et jusques au nombre de huit a neuf vingtz des bourgoys d'icelle ville, tous vestus d'escarlate brune, pour aller a l'encontre du Roy Loys douzieme de ce nom, qui faisoit ce jour sa joyeuse et nouvelle Entree en ceste d. ville, et allerent lesd. lieutenant, advocat, procureur et conseillers, carteniers et bourgoys de lad. ville par l'abbaye de Saint Ouen recueillir toutes les personnes ayant et tenans offices du Roy en icelle ville, qui la

F

estoient assemblés pour aller a l'encontre dudit s^r, et estoient tous abillez de livrée, mesmement les arbalestriers de lad. ville, monnoyers et autres plusieurs gens, et tous ensemble, montez sur bons chevaulx et en bonne ordre, allerent hors le pont jusques auprés des murs de Grant Mont, ou ilz trouverent le Roy, et en ce lieu se myrent tous a pyé, et par troys fois en marchant se agenoullerent a terre en faisant la reverence audit s^r, et aprez Mons. le grant seneschal Brezé et avec luy plusieurs barons et chevallyers, et en leur compaignie estoient jusques au nombre de cinquante des enffans des bourgoys de lad. ville, que ledit grand seneschal conduysoit, tous vestus de chamarres moyctié de satin cramoisy et de drap d'or, leurs chevaulx enharnachez de veloux noir, et les aucuns ayans caparansons sur leurs chevaulx, moyctié de satin cramoisy et drap d'or, tous pareulx en abis et harnoys comme ledit grant seneschal, auquel lieu par ledit grant seneschal fut baillé et presenté audit s^r les clefz des portes de lad. ville, en luy recommandant ladicte ville et habitans d'icelle, et avec ce luy presenta tous lesd. enffans; et aprez se presenta audit s^r maistre Loys Daré, lieutenant general de mons. le bailly dudit Rouen, lequel grandement et magniffiquement fist la harengue par lad. ville de bonne substance, qui fut trés agreable au Roy et aux princes et seigneurs qui là estoient, c'est assavoir Mons. d'Angoulesme, Mons. d'Alençon, Mons. de Bourbon, Mons. de Vendosme, Mons. de Fouez, Mons. de Nevers et autres plusieurs grans princes seigneurs. Et ce fait le Roy, qui estoit vestu d'une robe de drap d'or, une toque de veloux noir en sa teste, monté sur ung grant coursier bayart, joyeux en contenance, marcha vers ladicte ville, et envyron les Anmurees rencontra et trouva les presidens et conseilliers de la court de l'Eschiquier, qui estoient tous vestus d'escarlate vermeille, qui semblablement luy firent la reverence, et avoient lesdits presidens chacun ung mortier de veloux noir en la teste et grandes cloches d'escarlate. Et aprez estoient tous les generaulx de la justice des aydes, qui semblablement estoient d'escarlate vermeille, et aussi les Esleuz de lad. ville, vestus de damas tenné, qui entrerent tous en lad. ville en bonne ordre pour voir les mysteres et joyeux esbas qui estoient par les carrefours d'icelle ville; et a l'entree du pont vers lad. ville, envyron heure de mydy, trouva ledit sieur quatre des conseilliers de lad. ville, c'est assavoir Jehan Mustel, Robert Poillevillain, Guillaume Hamelin et Robert Lalemant, qui tenoient ung pouelle de drap d'or vermeil, grant et sepacyeux, qui mistrent sur ledit sr, et le porterent sur luy jusques sur les Changes, auquel lieu estoient Jehan Escambourg et Guillaume Dufour, conseilliers de lad. ville, Guillaume Ango et Jehan Le Roy, cartenyers, vestus de satin viollet, qui prendrent ledit pouelle et le porterent sur ledit sr jusques a la Croche, auquel lieu estoit Michel Flandrin et Roumaing de la Chesnaye, par semblable cartenyers d'icelle ville, vestus de semblable satin, qui porterent avec lesd. Escambourg et Dufour, conseilliers, ledit pouelle jusques en l'eglise N. D. de Rouen, auquel lieu ledit sr entra par le portail S. Roumaing, acompaigné des princes et seigneurs cy devant nommez, aussi de Mons. le Legat archevesque dud. Rouen, de Mons. le cardinal de Prye et autres plusieurs prelatz, et estoient a l'entree de ladicte eglise, devant ledit sr, le grant escuyer de France et chambellans dudit sr, en laquelle eglise icellui sr fut receu par ledit sr Legat et chanoynes d'icelle eglise, veteus tous en chappe et en grant reverence et magnificence et ainsi comme a Roy appartenoit; et aprez qu'il eust falt son oroison et sermens acoustumez entra en l'ostel dudit sr Legat, ou estoit son logys ordonné et preparé.

L'Entree de la Royne

Le mardi tiers jour d'octobre eudit an cinq cens et huit, partirent de l'ostel commun de ceste d. ville le lieutenant general de Mons. le bailly de Rouen, les advocat et procureur du Roy eudit bailliage, les six conseilliers, quatre quartenyers et procureur de lad. ville, vestus, c'est assavoir ledit lieutenant, advocat et procureurs, conseillers, de satin vyollet cramoysy, et les dits cartenyers de satin viollet, et avec eulx estoient jusques au nombre de huit a neuf vingtz des bourgoys de lad. ville, bien montez, vetus d'escarlate brune, et aussi estoient avec eulx tous les officiers du Roy vetus de livree et bien montez, mesmement les arbalestriers de lad. ville et monnoyers d'icelle, vetus de satin tenné, et tous en bonne ordre furent jusques a la prieuré du Pré a l'encontre de la Royne, qui faisoit ce jour sa premiere entree en ceste d. ville. Item, aussi se trouverent audit lieu du Pré les presidents et conseilliers de la Court de l'Eschiquier, tous vetus d'escarlate vermeille, et avoient lesd. presidens chascun ung mortier de veloux noir en la teste. Item, aussi se trouverent audit lieu le president et conseilliers de la Court des generaulx, vetus par semblable d'escarlate vermeille, et aprez eulx estoient les esleuz de lad. ville, vetus de robes de damas tenné, du quel lieu du Pré se partist ladite dame environ douze heures à midy, montee sur ung haubin fauve, tout couvert d'un harnoys de drap d'or fait en façon de cordelyeres. Et estoit icelle dame vetue d'une robe de veloux cramoysy, et aprez elle jusques au nombre de quatre vingtz ou cent damoyselles, vestues les aucunes de drap d'or, drap d'argent et veloux, montees sur belles haquenees, et oultre y en avoit plusieurs en troys ou quatre chariotz mout richement abillees; ladicte dame royne estoit acompaignee de plusieurs princes et seigneurs dont les noms ensuivent, c'est assavoir Mons. d'Angoulesme, Mons. d'Alençon, Mons. de Calabre, Mons. de Vendosme, Mons. de Nevers, Mons. de Bourbon, Mons. d'Estouteville, Mons. Luisans de Fouez, le marquis de Rotellin et plusieurs autres princes et seigneurs, et a costé d'elle estoient Mons. le cardinal d'Amboise et Mons. le cardinal de Prye; et ainsi que ladite dame marchoit pour venir vers ladicte ville auprez de la porte de la prieuré du Pré, ou estoient atendans a cheval les officiers du Roy, conseilliers, cartenyers, procureur et bourgoys de la dicte ville et qu'ilz apercheurent la dicte dame, dessendirent de dessus leurs chevaulx *et par troys fois se agenouillerent a terre en marchant vers la dicte dame* en luy faisant la reverence, et par la bouche de M⁰ Robert Raoulin, advocat du Roy, notre sire, fut faicte une petite proposicion de bonne substance et a elle agreable, et aprez lui en fut fait une autre par Mons. le grant seneschal Brezé, qui conduisoit les enffans de la dicte ville, qui estoient jusques au nombre de cinquante, tous vestus de satin cramoisi a grandes bendes de drap d'or et de veloux noir, qui estoient les couleurs de ladicte dame, en luy presentant lesd. enffans et recommandant ladicte ville. Item aussi luy en fut fait une autre par l'un des presidens de lad. Court de l'Eschiquier, et une autre par le president de lad. Court des generaulx, et ce fait marcha lad. dame pour entrer en ladicte ville, acompaignee de tous les princes et seigneurs cy devant nommez, en bonne ordre, pour voir les esbatz qui estoient par les carrefours de lad. ville; et a l'entree du pont, a la porte prochaine de ladicte ville, environ une heure aprez mydy, trouva ladicte dame ung pouelle de drap d'or a champ blanc, grant et sepacyeux, frengé, que tenoient Jehan Mustel, Robert Poillevillain, Guillaume Hamelin et Robert Lalemant, conseilliers

de ladicte ville, qui mirent sur lad. dame, et le porterent jusques
devant l'eglise Notre Dame, ou ilz trouverent Jehan Escambourg et
Guillaume Dufour, conseilliers, Guillaume Ango et Jehan Le Roy,
carteniers, qui prindrent et porterent ledit pouelle jusques a la
Croche, ou estoient Michel Flandrin et Roumaing de la Chesnaye,
semblablement cartenyers de la dicte ville, qui porterent ledit pouelle
jusques a la dicte eglise Notre Dame, ou la dicte dame entra par le
portail Saint Roumaing, ainsi acompagnee comme dit est, en laquelle
eglise elle fut receue par ledit cardinal d'Amboise, archevesque dudit
Rouen, et par les chanoynes de ladicte eglise, qui estoient tous en
chappe, en grant reverence et magnifficence et ainsi que a Royne
appartient, et aprez que icelle dame eust fait son oroison et devocion
entra en l'ostel dudit sr legat ou estoit son logys ordonné et
preparé.

II

[Archives départementales. — *Délibérations capitulaires*, G. 2147.]

DE JUCUNDO ET NOVO ADVENTU CHRISTIANISSIMI
ET SERENISSIMI PRINCIPIS D. N. REGIS LUDOVICI XII.

Ea die, circiter hora decima matutinali, clerus parrochialium eccle-
siarum hujus urbis, cum religiosis prioratuum Beate Marie Magda-
lenes, Sancti Laudi et quatuor ordinum mendicantium, se congre-
gavit in hac ecclesia rothomagensi, et paulo post exivit urbem
processionaliter et absque cantu tendendo circa campos prioratus
Grandimontensis, ubi etiam ante advenerat expectando ad exitum
dictam regiam majestatem ; et circa duodecimam horam ipsa regia

majestas exivit a dicto prioratu et intravit urbem per pontem
passim et paulative incedendo eques et intrando hanc ecclesiam
rothomagensem juxta iter subscriptum, videlicet a dicto ponte directe
eundo et transeundo per apothecas campsorum et ante magnum portalicium hujus ecclesie usque ad quadrivium domus ad intersignum
de la Croche apud S. Laurentium, et a dicto quadrivio itinerando
eques, cum mora, pre multitudine populi undique consistentis, ante
monasterium et atrium Sancti Audoeni, ubi abbas ejus cum religiosis
suis ibidem assistens, indutus vestimentis abbatis cum mitra et cro-
chia, cruce et aliis insigniis ecclesiasticis regie majestati, ut decebat,
incensum dedit, transiens et incedens per pontem Rothobecce directe
ad portalicium majus Sancti Macuti, ac exinde retrocedens ad vicum
curie archiepiscopalis rothomagensis et portalicium librariorum
hujus ecclesie, ac subsequenter iens ante portam collegii de Albanea
venit ad introitum atrii seu pervisii hujus ecclesie consistentem juxta
portalicium proximum turri S. Romani, ipso introitu dilatato et
ampliato per amolitionem seu dirutionem lapidum muri dicti pervisii, et ex ipso introitu dilatato venit regia majestas ad majus portalicium, quod tunc apertum extitit et antea claudebatur pro multitudine et affluencia populi, ipso autem aperto pro ejus ingressu
collegium hujus ecclesie, videlicet domini canonici et capellani induti
capis singulatim, necnon reverendissimus dominus cardinalis archi-
episcopus, ibidem in pontificalibus assistens, cum mitra, etc., ac cum
deportatione crucis, thuribuli et libri evangeliorum prefatum dominum nostrum regem cum leticia et gratulacione ac jubilo suscepe-
runt, data eidem aqua benedicta per dictum R. D. archiepiscopum,
et a regia majestate deosculato libro evangeliorum, et mox, cum
decantatione *Te Deum laudamus* procedendo ad chorum processionaliter, regia majestas se prostravit ante ymaginem crucifixi, ubi

fuerat apparatum scabellum coopertum panno aureo cum carrellis sericeis, etc., et, facta oratione, intrando chorum, reverendissimis D. archiepiscopo et collegio ibidem consistentibus, venit ante altare majus ubi apparatum fuerat scabellum deornatum prout supra, et ante Sanctam Eukaristiam orationem fudit apud Christum, et ad dictas stationes regie majestatis Reverendissimus D. cardinalis dedit incensum eidem ; finita vero decantatione *Te Deum* etc., cum organis, prefatus reverendissimus D. cardinalis, in comitiva non - nullorum dominorum, actiones gratiarum cum jubilo retulit regie majestati de suo jucundo adventu ad ecclesiam, et quod subsequenter capitulum visitaret regiam majestatem pro negociis ecclesie, ad quod respondit quod proxime residebat et libenter eos audiret, et his completis intravit per hostium ecclesie manerium archiepiscopale, quod tunc apparatum erat per R. D. archiepiscopum pro regia habitatione.

Pro pulsacione autem, ad ejus introitum campana ejusdem reverendissimi Domini patris, nuncupata Georgius, primo in solidum, et subsequenter alie omnes campane hujus ecclesie ad plenum volatum pulsate fuerant.

www.ingramcontent.com/pod-product-compliance
Lightning Source LLC
Chambersburg PA
CBHW052147090426

42741CB00010B/2177